मीरा याज्ञिक की डायरी

मीरा याज्ञिक की डायरी

बिन्दु भट्ट

अनुवाद
वीरेन्द्र नारायण सिंह

राजकमल प्रकाशन

गुजराती लघु-उपन्यास *मीरा याज्ञिक नी डायरी* का अनुवाद

ISBN : 978-81-267-1086-7

मूल्य : ₹495

पहला संस्करण : 2006
पहली आवृत्ति : 2022

प्रकाशक : राजकमल प्रकाशन प्रा.लि.
1-बी, नेताजी सुभाष मार्ग, दरियागंज
नई दिल्ली-110 002

शाखाएँ : अशोक राजपथ, साइंस कॉलेज के सामने, पटना-800 006
पहली मंजिल, दरबारी बिल्डिंग, महात्मा गांधी मार्ग, प्रयागराज-211 001
36 ए, शेक्सपियर सरणी, कोलकाता-700 017

वेबसाइट : www.rajkamalprakashan.com
ई-मेल : info@rajkamalprakashan.com

मुद्रक : बी.के. ऑफसेट
नवीन शाहदरा, दिल्ली-110 032

MEERA YAGIK KI DIARY
by Bindu Bhatt
Translated by Virendra Narayan Singh

आदरणीय

'सर', भोलाभाई पटेल के लिए

—बिन्दु भट्ट

'अन्धारुं ज्यां खड़क सम दुर्भेद्य, उष्मा नहीं ज्यां,
त्यां दीधो तें डगलुं भरवा तेजनो शो उधाड !'

—राजेन्द्र शाह

(जहाँ अन्धकार चट्टान-सा दुर्भेद्य था, उष्मा भी नहीं थी जहाँ; वहाँ तुमने दिया भोर का उजास, कदम बढ़ाने को)

विनीत हूँ उन सभी कवियों के आगे, जिनकी काव्य-पंक्तियाँ इस उपन्यास में उद्धृत की हैं।

आभारी हूँ अनुवादक डॉ. वीरेन्द्र नारायण सिंह की तथा प्रकाशक श्री अशोक महेश्वरी की।

—**बिन्दु भट्ट**

वसंत पंचमी
संवत् 2061

31
दिसम्बर

'तारी ते लटने लहेरवुं गमे
घेला को' हैयाने धेरवुं गमे...'

यह पंक्ति कल से ही सतत् मेरे माथे पर चोट कर रही है...और मैं हर पल दहशत में...कहीं टूट न जाए ताला...ना, उस सातवीं कोठरी का अस्तित्व ही भूल जाना है मुझे...किन्तु यह पंक्ति ?

इस समय रात के डेढ़ बजनेवाले हैं। अभी-अभी न्यू इयर की पार्टी पूरी हुई। होस्टल के सेन्ट्रल हॉल में खाना-पीना, गीत-संगीत और विविध स्पर्धाओं का हंगामा था। मैं कभी किनारे फेंकी जाती तो कभी प्रवाह में खिंची चली जाती...

उज्ज्वला ने जबरदस्ती से मेरा नाम दीर्घ केश स्पर्धा में लिखा था। मुझसे बोली, 'अरी मणिबेन, यदि तेरे जैसे सुन्दर बाल हों न, तो मैं एक-एक लट् में दस को लपेटूँ...

'तुम्हारा तो कहना क्या ?' कहकर उसकी बात हँसी में उड़ा दी, किन्तु स्पर्धा का प्रथम पुरस्कार लेते समय एक शून्यता ने घेर लिया मुझे...इस आनितम्ब केशपाश में कौन बँधेगा ?...इस चितकबरे स्पर्श को लाँघकर कौन पहुँचेगा मुझ तक ?

'कौन, यदि मैं पुकार उठूँ, सुनेगा मुझे...'

1 जनवरी

आज नवानगर से मम्मी का पत्र आया। उनका स्कूल अगले सप्ताह अहमदाबाद-गांधीनगर प्रवास पर आनेवाला है। मजा आ जाए यदि मम्मी होस्टल पर आए तो। अरे मूर्ख ! पूरी बस भर के विद्यार्थियों को लेकर यहाँ आएगी और वह भी प्राथमिक पाठशाला के शरारती बच्चों को ! मम्मी के लिए मैं भले ही बहुत कुछ होऊँ, पर प्रवासी बालकों के लिए ? जो बात स्पष्ट रूप से असम्भव ही नहीं मूर्खतापूर्ण भी हो, उसके बारे में कल्पना करने का भी एक आनन्द होता है–चुभला-चुभलाकर चूइंगम को पिघलाने की चेष्टा जैसा...

खैर, मम्मी भले न आ सकती हों, पर मैं तो मिलने जा सकती हूँ न ! कल ही पत्र लिखकर उनका ब्योरेवार कार्यक्रम पूछवा लूँगी।

2 जनवरी

पिछले कुछ समय से लग रहा था कि नियमित रूप से डायरी लिखनी चाहिए। दिनभर में छोटी-बड़ी ऐसी अनेक घटनाएँ (कभी-कभी परिस्थितियाँ) होती हैं जो आपको छू जाती हैं, किन्तु यदि वे नोट न की जाएँ तो समय बीतने पर एक धुँधला अक्स ही बनेंगी, अनुभव का अंश नहीं।

आज मैं, रुचि और सलिल पुस्तकें खरीदने 'सस्तुं किताबघर' गए थे। रुचि को एक चमत्कार की तरह एक किताब मिल गई—रेन वेलक और ऑस्टिन वॉरेन की 'थियरी ऑफ लिटरेचर' का हिन्दी अनुवाद और वह भी सिर्फ बारह रुपए में। मैं और सलिल उससे 'लकी' की चाय लेकर ही माने। इतना ही नहीं, सलिल ने आग्रहपूर्वक उसे भी आधी चाय पिलाई। शहर के 'ए' ग्रेड होटल के मालिक की इकलौती कन्या को जहाँ बाहर के पानी की भी मनाही हो, वहाँ रेहड़ी की चाय ! मैंने रुचि से कहा, 'पी ले चाय', सलिल जैसा विद्रोही सौगन्ध दे, तो इसका अर्थ है या तो चाय विशिष्ट है या फिर पीनेवाला। मजा आ गया दोनों को पकड़ा जाते देखकर !

सलिल, और कुछ न भूले ! आज भी जब चाय पीकर उठे तब बन्धु को 'सस्तुं किताबघर' में भूली हुई फाइल याद आई। एक तो साँझ के पाँच बजनेवाले थे और रुचि के सिर पर लटकती घर के टाइम टेबल की तलवार...झटपट रिक्शा पकड़ 'सस्तुं किताबघर' गए। सलिल फाइल लेने दुकान में गया, तब आठ-दस वर्ष का फटेहाल लड़का हाथ में पॉपकॉर्न का पैकेट लिए खड़ा था। बोला, ''बहिन जी, ले लो दस पैसा कम देना। सबेरे से कुछ भी नहीं खाया है बहिन, बोहनी कराइए।' अनायास मेरा हाथ पर्स में गया और मैंने उसे एक रुपया दिया। यह देखकर सलिल बोला—'एक रुपए में किसी का आत्मसम्मान खरीदने का

अधिकार हमें नहीं है।'

शायद सलिल की बात सच है। परन्तु, जब से जगदम्बा प्रसाद दीक्षित का उपन्यास 'मुरदाघर' पढ़ा है तभी से लगता है, पेट की भूख के आगे ये दार्शनिक बातें मात्र मोहक शब्दजाल हैं। स्वयं पर से झाड़कर जवाबदेही से, छिटकने के बहाने हैं। आजकल मेरी निगाह किसी गरीब या रोगी से यूँ ही नहीं टकराती, उस पर कहीं खरोंच लगती है।

4 जनवरी

दोपहर वृन्दा का फोन आया। मैं नहा रही थी इसलिए मैंने शुभांगी को मेसेज़ लेने भेजा, आकर बोली, 'वृन्दा बहन परसों से होस्टल में रहने आएँगी। आप वॉर्डेन को कह दीजिएगा।'

थोड़ी देर बाद बोली, 'मीरा बहन, तुम्हें बुरा न लगे तो एक बात पूछूँ ?' मुझे पता था क्या पूछनेवाली है। एक इसे ही नहीं लगभग हरेक को यह प्रश्न होता है। मैंने हाँ किया इसलिए शुभांगी बोली, 'वृन्दा बहन तुम्हारी फ्रेंड हैं और तुम्हें कबरी कहती हैं ?

क्या शुभांगी नहीं जानती होगी कि कभी-कभी शब्दों के भी पार निकल जाता है सम्बन्ध !

उसे क्या पता ? यह 'कबरी' शब्द तो मेरे आत्मविश्वास की धुरी है। इसने ही तो मुझे विकृत मनोदशा में फँसने नहीं दिया।

आठवीं कक्षा में थी, तब क्लास में सभी मुझे चिढ़ाते थे– 'चितकबरी'। प्राथमिक शाला में भी इसी तरह के नाम सुनने को मिले, बड़ी कोफ़्त होती। कभी जरा-सा दुःख यूँ ही झाँक जाता, किन्तु रिज़ल्टवाले दिन वे सब चित्त हो जाते और मैं एक बित्ता ऊपर। लगभग छः माह तक नम्बर का नशा रहता, तब तक फिर छमाही इम्तहान आ जाते, किन्तु एक बार तो हद हो गई।

उस दिन प्रार्थना की घंटी लगने से पहले मैं बोर्ड पर चॉक से फूलपत्ती बना रही थी तभी अरुण और निकेतन 'थप्पो' खेलते हुए बेंच के नीचे छुपने आए। ऐ चितकबरी ! प्रदीप को मत बताना। उस दिन पहली बार मुझे इतना गुस्सा आया कि जैसे ही प्रदीप दरवाजे पर दिखाई पड़ा मैंने चिल्लाकर बता दिया। बदले में क्लास में पाँच मिनट तक चितकबरी का कोरस गाया गया।

आज पूरी घटना बहुत सामान्य लगती है लेकिन उस दिन तो

एकदम कलेजे को चीर गई थी। अन्तिम बेंच पर सिर झुकाकर न जाने कब तक रोती रही। कब घंटी बजी, कब प्रार्थना हुई, कब टीचर क्लास में आई, कुछ पता ही न चला।

टीचर हाजिरी लेने लगी। मीरा...नहीं आई ? पूछते हुए उपस्थितिपत्रक में से ऊपर देखा। मुझे आखिरी बेंच पर बैठे देख बोली, 'वहाँ क्यों बैठी हो ?'

मैंने रुआँसी आवाज़ में कहा, 'यस टीचर !'

'मैं पूछ रही हूँ, वहाँ क्यों बैठी हो ?'

एक पल के लिए पूरी क्लास स्तब्ध !

टीचर ने फिर पूछा, 'तू वहाँ क्यों बैठी है ?'

अन्त में कालिन्दी ने सब कुछ बता दिया। टीचर कुछ न बोली और मेरी रुलाई का दूसरा दौर आरम्भ हुआ अधिक जोर से (शायद टीचर के मौन के कारण)।

हाजिरी पूरी करके टीचर ने बोर्ड पर कल के होमवर्क की पंक्ति लिखी–'सौन्दर्य पाने से पहले सौन्दर्य बनना पड़ता है।'

टीचर ने पूछा, 'कौन लिखकर लाया है यह विचार-विस्तार।'

बड़ी मुशिकल से दस-बारह उँगलियाँ ऊपर उठीं, मैंने नहीं उठाई।

'जो लिखकर नहीं आए हैं, वे बेंच पर खड़े हो जाएँ।' टीचर ने बाकी से क्रमवार पढ़वाया। अन्त में मुझसे बोली, 'क्यों री चितकबरी, तुझे तो नहीं ही आया होगा। तेरी मम्मी टीचर हैं, इसलिए सिफारिश से पहला नम्बर आता है, क्यों ?'

ये टीचर भी ! सुनकर पाँव से सिर तक झार लग गई।

एक झटके से खड़ी हुई। पहली बेंच पर अपनी जगह गई और नोटबुक निकाल कर पढ़ना शुरू किया, पूरा करके टीचर की ओर देखा, पर यह क्या टीचर की आँखों में आँसू ?

'चलो, सब अपनी नोट बुक निकालो, और यह मेरी कबरी जो बोल रही है लिखो। और हाँ, अरुण, निकेतन और प्रदीप–तुम्हें खड़े-खड़े लिखना है, समझे !'

आज भी वह चेहरा बराबर याद है, सुनहरी फ्रेम के चश्मे में

चमकती, भींगी, बड़ी-बड़ी आँखें, चम्पई गोरा रंग, तीखी नाक, स्मित करते समय थोड़े मांसल होठों की प्रतिध्वनि, झीलते गाल के गड्ढे।

उस दिन के बाद मुझे कभी नहीं लगा कि मेरे शरीर पर कोढ़ है और वृन्दा मेरी टीचर।

5 जनवरी

कितनी बार ऐसा होता है कि आपका विश्वास शिक्षा पर से उठ जाए।

आज नीचे डबल सीटेड अठारह नम्बर में दो बहनों ने गज़ब किया। बड़ी बहन एम.एड्. कर रही है और छोटी एम.बी.बी.एस.। सुबह-सुबह होस्टल की लॉबी में एक-दूसरे की चोटी पकड़कर खींचती-खिंचाती, नाखून और दाँत से काटती, रोती और चीखती दो बहनें !

अ-पूर्व दृश्य था वह। संस्कारी-शिक्षित माँ-बाप की बेटियाँ ! माँ अध्यापिका और पिता डॉक्टर, और इस रणसंग्राम का कारण ? रूम में झाड़ू कौन लगाए ?

ऐसे में सर्वेश्वर की यह कविता एकदम फिट बैठती :

'किड़ किड़ किड़ कियाँ कियाँ
दड़बे से निकलीं पढ़ी-लिखी मुर्गियाँ।'

कल साँझ को वृन्दा आनेवाली है। सबेरे वॉर्डेन को रिझाना पड़ेगा।

6
जनवरी

सुबह सवा सात बजे पहुँच गई वॉर्डेन की सेवा में...वॉर्डेन थीं भगवान की सेवा में...एकदम अप टु डेट...हेयर डाइ में, लोशन लिपिस्टक में और कड़क-इस्तरीवाली साड़ी में। चुगली खाते एकाकी बावन वर्ष...पीछे लौटने के लिए हाथ-पैर मारती वॉर्डेन को देख मन उदास हो गया। साथ ही आश्चर्य भी लगा कि अभी भी उन्होंने रंगों से रुचि बनाए रखी है।

वैसे तो वॉर्डेन का सभी भगवानों से अच्छा मेल है, पर साईं बाबा के साथ घर जैसा सम्बन्ध। हर गुरुवार बिना नागा भजन। लड़कियाँ अपनी तात्कालिक आवश्यकता के अनुरूप वॉर्डेन के पास गुरुवार के भजन की सिफारिश लेकर जातीं। मेरा भजन से मेल बैठे ऐसा न था, इसलिए एकदम सुबह होस्टल के पिछवाड़े के बॉटनिकल गार्डेन से भाँति-भाँति के फूलों की तस्करी की, वॉर्डेन को फूलों का नैवेद्य चढ़ा वृन्दा-स्टोरी शुरू :

'मैडम, मेरी मित्र है। एम.ए. कर रही है। यहाँ अपने भाई के साथ रहती थी, किन्तु पिछले महीने ही उसके भाई का तबादला राजकोट हो गया है। बेचारी की परीक्षा में दो महीने की देर है। यदि आप उसे मेरे गेस्ट के रूप में रहने की परमिशन दें, तो आपका उपकार कभी न भूलूँगी...वगैरह...वगैरह।'

हालाँकि, मेरी छाप वॉर्डेन पर अच्छी है, इसलिए कोई अड़चन न आई। परन्तु मैडम ने ब्रह्मास्त्र अपने पास रखा। 'यदि ऊपर से आर्डर आया, तो तत्काल जाना पड़ेगा। और हाँ, अलग रूम नहीं मिलेगा। गेस्टचार्ज, एक महीने का फुडबिल एडवांस देना पड़ेगा। आजकल की लड़कियों का कुछ ठिकाना नहीं। खा-पीकर कब रफूचक्कर हो जाएँ ! यहाँ के आने-जाने, मिलने-जुलने के नियमों का ठीक से पालन करना पड़ेगा। कह देना अपनी सहेली से, मैं बहुत कड़क हूँ। और हाँ, नो

ब्यायफ्रेंड बिजनेस... ।'

देखी बड़ी नियमवाली...एक ओर कहती है रूम में रसोई नहीं बनाना और फिर स्वयं ही पहुँच जाती है ऊषा के रूम में पुडिंग खाने !

वृन्दा के कारण गुस्सा पी गई, यह वॉर्डेन भी कैसी है ! टके सेर भाजी, टके सेर खाजा...इतना हीन लग रहा था...मानो सबकी हाजिरी में मेरे कपड़े न उतार रही हो !

आज मेरी समझ में आया कि रुचि का गेहुँआ चेहरा क्यों कभी-कभी काजल पुता हुआ या बुझा-सा लगता है। निरन्तर शंका और अविश्वास भरे घर के पहरे में साँस लेती क्योंकर खिली हुई या दमकती दिखेगी ? अव्यक्त क्रोध उतर आता है उसके चेहरे पर।

एक तो सुबह बिगाड़ी वॉर्डेन ने और साँझ इस दुष्ट वृन्दाड़ी ने। पूरी शाम राह तकती रही। अन्त में नौ बजे बहन जी का फोन आया– कल सुबह आएँगी। भाई-भाभी फिल्म देखने गए हैं, बंटी को उनके पास छोड़कर, और यह मीरा उसकी राह में भूखी रही उसका क्या !

7 जनवरी

इस समय रात के साढ़े ग्यारह बजे हैं। वृन्दा मेरे रूम में मेरे पलंग पर सोई हुई है, फिर भी विश्वास नहीं हो रहा है कि वह आ गई ! कई बार हमने साथ रहने की इच्छा की है। अन्त में आज वह साकार हुई।

सुबह आकर बोली, 'शिष्या से गाइडेन्स लेने आई हूँ।' मैं एकदम बोल पड़ी, 'क्या मैं अभी भी तुम्हारी शिष्या ही हूँ ?' कोई उत्तर न दिया। चुपचाप मेरा हाथ पकड़ लिया। वृन्दा किसी चिन्ता में लगती है, थोड़ी उदास भी। पूछना नहीं है। वह स्वयं कहेगी। क्योंकि, पूछने से जो मिलेगा वह दूसरा कुछ भी होगा, जवाब नहीं।

8 जनवरी

पहली बार मम्मी के अलावा किसी और के साथ सोने का प्रसंग आया। सोते समय हमेशा मम्मी के पेट पर हाथ रखती और मम्मी करवट बदल लेती, नाराजगी दिखाती। पर मैं नफ्फट, मानूँ तब न ! आज भी कल की घटना रिपीट हुई।

कल रात आदतन मैंने वृन्दा के पेट पर हाथ रखा और वह मुझसे लिपट गई। एक क्षण तो समझ न पाई कि क्या प्रतिभाव दूँ। शरीर किसी विचित्र स्थिति में पड़ गया। मेरी स्तब्धता अनुभव कर वह धीरे से अलग हो गई। क्या उसे बुरा लगा होगा ?

9 जनवरी

मुझे पता था कि वृन्दा के आने से ये दिन छलक उठेंगे। साथ मिलकर कविताएँ पढ़ेंगे, पुस्तकों की बातें करेंगे। रोज साँझ को लाइब्रेरी से होस्टल के वृच्छादित खुले-चौड़े मार्ग पर वापिस लौटेंगे...। अटीरा के कम्पाउंड में खड़े विशालकाय कचनार पर डूबते सूरज की सुर्ख किरणों को झेलते फूलों को देखते, इक्के-दुक्के प्रेमीजनों के सुख का मजा लेते...। राह देखेंगे कमरे की खिड़की में झाँकते शिरीष के खिलने की...।

परन्तु यह वृन्दा मानो कि जम गई है। सुबह भोजन करके लाइब्रेरी आने को कहा तो मना कर दी। मुझे अचरज हुआ। वृन्दा और लाइब्रेरी के लिए ना ! स्कूल में तो उसकी हमेशा की जगह ही लाइब्रेरी थी।

शाम को लौटकर देखा तो वृन्दा कुर्सी पर बैठी थी, सामने टेबल पर खुली किताब और आँखें खिड़की के बाहर। मेरे आने की भी खबर उसे न लगी। अभी मैं उसे चौंकाऊँ कि तभी अड़तीस में से मेरे नाम की पुकार हुई।

यह उज्ज्वला भी अज़ीब है। उसकी सदा की रामायण-ब्रा का क्लिप लगाने की। कामवाली को गाली देती हुई अभिसार के लिए तैयार हो रही थी। शुरू-शुरू में बड़ा संकोच होता था, परन्तु वह पट्ठी कितनी बार बाथरूम में खींच ले जाती—पीठ पर साबुन मलवाने। मैं कहती, 'यह क्या है ? गाँव की स्त्रियाँ जैसे नदी-कुएँ पर नहाती हैं वैसे...।' जवाब देती, 'कारण कि वे नॉर्मल होती हैं। मेरा वश चले तो न्यूडिज्म का झंडा लहराऊँ। बहुत बार तन्दुरुस्ती और सुन्दरता की कीमत पर हमारे यहाँ वस्त्रों की महिमा होती है।'

किसी हद तक उज्ज्वला खरी लगती है। स्त्री शरीर को ढँक-ढँक

कर हम उसके प्रति नॉर्मल नहीं रहे।

थोड़े देर में ही घड़ी में नया दिन शुरू हो जाएगा। वृन्दा पलंग में सोई हुई है। उसका हाथ मुझे टटोलता हुआ एक ओर पड़ा है। साँझ को कितनी बार कहा पर वृन्दा भोजन करने न उठी। एसिडिटी के डर से दो-चार कौर जैसे-तैसे पेट में डाल रूम पर आई तो देखा देवी जी अपनी साड़ी नीचे बिछाकर सोई हैं ! इस ठंड में स्लीपर के बिना पैर फर्श पर नहीं रखा जाता, वहाँ इस तरह ! मेरा दिमाग एकदम फटने ही वाला था कि तभी कल की बात याद आ गई। मैंने ही उसे बिस्तर लाने से मना किया था।

धीरे से मैं भी उसकी बगल में लेट गई और उसका मुँह अपनी ओर घुमाया। उसने शरीर मेरे हवाले कर दिया। आँखें बन्द थीं पर वह सोई न थी। मैं धीरे-धीरे उसके बालों में उँगलियाँ घुमाने लगी। थोड़ी देर बाद शरारती स्मित के साथ बोली, 'मज़ा आ रहा है।' यह दुष्टा ! मैं एकदम खड़ी होने लगी तो उसने मेरा हाथ खींचकर मुझे अपने ऊपर गिरा लिया और धीरे से मेरे कान की लोर को चूम लिया और झट खड़ी होती हुई बोली, 'चल सो जाएँ।'

10 जनवरी

सब कुछ सहा जा सकता है (शायद), अपने नाम के दुरुपयोग के सिवा। आज पता चला कि लाइब्रेरी के रिसर्च केबिन का दूसरा उपयोग भी हो सकता है।

इससे पहले भी मुझे लगा था कि लाइब्रेरी में मेरे केबिन का, मेरी गैरहाजिरी में उपयोग होता है। सतत् किसी दूसरे का अहसास होता रहता है। आज दोपहर तीन बजे होस्टल से लाइब्रेरी गई तो केबिन में मूँगफली के छिलके, दियासलाई की बुझी हुई तीलियाँ और हवा में सिगरेट की गन्ध। दोपहर बारह से तीन मैं नहीं होती तब...। गई सीधी ग्रन्थपाल के पास...। ठंडे कलेजे से उत्तर मिला, 'लिखित दीजिए। जाँच करेंगे।'

शाम को मेस में वृन्दा से बात कर रही थी तभी टेबल पर सामने बैठी ऊषा बोली, 'युनिवर्सिटी विस्तार के एकमात्र होटल आदर्श की रिपेयरिंग चल रही है तब से कितने ही प्रेमीजनों ने लाइब्रेरी के चपरासियों को पटा लिया है।' पर ऊषा को कैसे पता ? तभी उज्ज्वला ने मजाक करते हुए कहा, 'क्या तेरे ब्वॉयफ्रेंड ने भी...।' सुनते ही ऊषा भड़की। 'ऑफकोर्स नॉट, हमारे जर्मनी में प्रेम छिपाने की चीज नहीं है। और जहाँ किताबों के ढेर पर बैठकर चपरासी बीड़ी पीते हों, लाइब्रेरियन किताबों की खरीदी में घोटाला करते हों, पाठक पन्ने फाड़ते हों–वहाँ लाइब्रेरी होटल बन जाए इसमें आश्चर्य क्या ?'

भारतीय दर्शन में रिसर्च कर रही ऊषा के काम करने की निष्ठा सचमुच ही अनुकरणीय है। भारतीय चिन्तन में गहरे पैठने के लिए उसने अपना नाम तक बदलकर स्वयं को नखशिख भारतीय बनाने का प्रयत्न किया है। एक अलग देश, समाज और वातावरण के संस्कार लेकर आई ऊषा की चेतना ऐसा बहुत कुछ देख पाती है जो हम नहीं देखते। मन ही मन ऊषा पर शंका करने के लिए मुझे पछतावा हो रहा है। आइ एम रियली सॉरी ऊषा !

11 जनवरी

यह मेरा कितना बड़ा भ्रम था कि मैं और वृन्दा फास्टफ्रेंड हैं। उसपर क्या-क्या गुजरी और उसका मुझे आभास भी नहीं ! लेकिन उसने आज तक क्यों नहीं कहा ? क्या अपना दुःख कहने में उसे अपमान लगता होगा या फिर उसके साथ मैं भी दुःखी होऊँगी इस कारण ?

साँझ को लाइब्रेरी से लौटी तो वॉर्डेन ने दो पत्र दिए। एक ब्राउन कवर, ऊपर देखा तो वृन्दा पारेख और दूसरा मम्मी का इनलैंड। वे लोग कल सुबह साढ़े आठ और नौ के बीच साबरमती आश्रम पहुँचेंगे। लगभग दौड़ती, सीढ़ियाँ चढ़कर रूम पर पहुँची तो वृन्दा पलंग में औंधी पड़ी हुई थी। उसे उदास देख मेरा भी आनन्द बुझ गया। मैंने कहा, 'लो तुम्हारा पत्र।' सुनते ही वह उठ बैठी, परन्तु ब्राउन कवर देखकर ठहर गई। कर्त्तव्य भाव से पत्र पढ़ा और रख दिया। बाथरूम में कपड़ा बदलने जाते हुए मैंने पूछा, 'किसका है ?' मेरे हाथ में पत्र थमाकर वह बाहर चली गई।

तो वृन्दा ने त्यागपत्र दे दिया ! और मुझे बताया तक नहीं ? स्कूल में कुछ हुआ तो नहीं न ! मैं भी उसके पीछे-पीछे बाहर निकली। लॉबी में कहीं न थी, शायद बाथरूम की ओर गई हो, वहाँ भी न थी। वापिस लौटकर छत पर देखा। शून्य में ताकती खड़ी थी। पास जाकर कन्धे पर हाथ रखा। वह दौड़कर रूम में चली गई और टेबल पर सिर रखकर फूट-फूटकर रोने लगी। लगा वर्षों के जमे हुए आँसू बह रहे हैं। मैंने उसे रो लेने दिया। थोड़े समय बाद पानी दिया। मुँह धोकर बोली, 'चल, हम युनिवर्सिटी घूमने चलें।'

रास्ते में उसने विस्तार से बताया।

वह जब दसवीं कक्षा में थी तब प्रिंसिपल के रूप में कामाणी साहब नए-नए आए थे। गणित बहुत अच्छी तरह सिखाते थे। वृन्दा को

गणित में पहले से ही रुचि। एस.एस.सी. में साहब के घर भी सीखने जाती। फिर साहब की सलाह से उसने सिलाई में डिप्लोमा किया और उसे स्कूल में तुरन्त नौकरी भी मिल गई। सिलाई के अतिरिक्त वह भाषा और गणित भी सिखाती थी।

यानी कि मैं जब आठवीं कक्षा में आई थी तब वृन्दा की सर्विस के दो ही वर्ष हुए थे।

फिर तो, उसने एन.सी.सी. जूनियर की ट्रेनिंग भी ली। उसने स्कूल को ही अपना सर्वस्व मान लिया, क्योंकि कामाणी साहब को वह चाहती थी और साहब उसे। साहब विवाहित थे, परन्तु उनकी विधवा बहन के कारण पत्नी मायके चली गई थीं, मुश्किल से एक वर्ष साथ रहे होंगे। एक बेटी भी है। साहब की पत्नी भी दूसरे गाँव के स्कूल में नौकरी करती थीं। बस, एक ही समस्या थी। साहब को चुनाव करना था–विधवा निराधार बहन या फिर पत्नी और पुत्री ? वृन्दा के साथ लगाव के कारण साहब ने पत्नी पर न तो तलाक के लिए दबाव डाला और न ही साथ रहने के लिए समाधान ही।

मेरी समझ में नहीं आया कि दोनों एक-दूसरे को प्रेम करते हैं, तो फिर शादी क्यों नहीं कर लेते ? जवाब में वृन्दा बोली, 'साहब डायवोर्स दें तभी शादी हो सकती है। इसका अर्थ यह कि एक स्त्री का अधिकार छीनकर ही मैं पत्नी बन सकती हूँ ? और उनकी बेटी का क्या ? एक स्त्री के अधिकार को छीनने का पाप मैं जीते जी नहीं करूँगी, एक स्त्री के रूप में तो नहीं ही। परित्यक्ता माँ होने का दुःख क्या होता है, यह पूछ लेना अपनी मम्मी से !'

वृन्दा, तूने मेरे हरे ज़ख्म पर हाथ रख दिया।

रूम पर लौटते हाँफ गए हम। माथे पर मौन की भारी गठरी रखी थी मानो।

थोड़ा रुककर मैंने पूछा, 'तुमने त्यागपत्र क्यों दिया ? कामाणी साहब ने भी तुझे न रोका ?'

'उन्होंने तीन महीने पहले ही त्यागपत्र दे दिया।' कहकर उसने एक पत्र मेरे हाथ में रखा :

'वृन्दा,

इतने वर्ष तेरे लिए सम्बोधन तलाशता रहा किन्तु तूने साथ न दिया।

जा रहा हूँ, स्वैच्छिक निवृत्ति लेकर। लन्दन में भाई की मोटेल है, व्यवसाय में मदद करूँगा।

जाते-जाते एक बात बिना कहे नहीं रह सकता, तूने एक स्त्री के अधिकार की रक्षा के लिए बहुत बड़ा त्याग किया है, पर मुझे दुःखी करके। तुम्हारा तो एक आधार है मीरा। किन्तु मेरा ? कोशिश करूँगा, पत्नी और पुत्री में सुख खोजने का, किन्तु जो तेरे पास से भी न मिला वह...?'

पत्र पढ़कर ऊपर देखा तो वृन्दा रूम में न थी। किन्तु इस पत्र में मेरा उल्लेख ?

12 जनवरी

इतने वर्षों से अहमदाबाद में हूँ, फिर भी आज साबरमती आश्रम देखा। सुबह आठ बजे मैं और वृन्दा पहुँच गए, साथ में थर्मस में मम्मी के लिए मसालेवाली चाय।

पहली बार सुबह के पहर में उमाशंकर जोशी की 'पंखीलोक' कविता देखी-सुनी। शायद गांधीजी के स्पर्श को सँजोए खड़े वर्षों पुराने आसोपालव के घटादार वृक्ष और ऊपर पंखियों का कॉन्सर्ट ! एक क्षण तो लगा यह वृक्ष का ही स्वर है, अनेक छंद-लय में प्रकट होता !

हम उत्साह में जल्दी पहुँच गए थे। मम्मी की बस तो नौ के आसपास पहुँचनेवाली थी। मैं और वृन्दा टहलते-टहलते आश्रम के पिछवाड़े साबरमती के घाट पर बैठे। इसे नदी क्योंकर कहें ? स्थिर काला जल, उदास मन से आसपास के परिवेश का आधा-अधूरा चित्र झेलता। मुझे याद आई बनारस की गंगा।

लगभग चार वर्ष हुए। वह दृश्य आज भी अखंड है। गंगा और वरुणा के संगम से थोड़ी दूर गंगा में शहर की गंदगी उड़ेलता नाला...आगे जाने पर आदिकेशव घाट पर गंगा के स्थिर जल में प्रतिबिंबित आदिकेशव का मन्दिर, शिखर, कलश, समग्र मंडप, घाट की सीढ़ियाँ, सीढ़ियों पर पतंग उड़ाते लड़के, वहीं इधर-उधर चरती एक सफेद बकरी...हमारी नाव किसी पाताल नगरी की ओर बढ़ी जा रही थी। हवा का हल्का-सा झोंका आए और पातालनगरी के राजा का पूरा महल पटेंगमार कर झूलने लगे...तो कभी गति बढ़ने पर सबकुछ डूब जाए और सतह पर रहे अवगतिप्राप्त महल के अवशेष जैसे सँपोले, गंगा की तरह उड़े हुए आसमानी रंग को ओढ़कर लेटी है यह साबरमती !

'ओ बहन ! घाट पर बैठना मना है।' कहते हुए चौकीदार ने हमें वहाँ से बाहर निकाला। दो लड़कियों को एकदम चुपचाप बैठे देख उसे

किसी अमंगल का भय लगा होगा। मैं वृन्दा से कुछ बोलूँ इतने में दूर से भजन का सामूहिक स्वर सुनाई पड़ा। 'वैष्णवजन तो तेने...' मम्मी की ही बस होगी। दौड़कर पहुँची बस के पास। बस में से मम्मी को उतरते देखकर मेरे कानों में गूँज उठा वृन्दा का वाक्य, 'परित्यक्ता माँ होने का दुःख क्या होता है यह पूछना अपना मम्मी से...।'

हलके गुलाबी रंग की प्लेन साड़ी, माथे पर बड़ी-सी गोल लाल चटक बिन्दी, गरदन पर फैला बड़ा-सा जूड़ा और चेहरे पर भीगी हुई मुसकान...मानो मैं मम्मी को पहली ही बार देख रही थी। उसका गौर गुलाबी रंग और साड़ी का हल्का गुलाबी एक-दूसरे में कैसे घुल गए थे ! देखते ही लगा कि मीठी नरम धूप में खड़ी हूँ...।

'कैसी हो मेरी अनमोल मिरांत मीरा।' सुनते ही मैं उससे लिपट गई। उसकी आवाज में एक नया स्वर सुना। मैं मन ही मन बोल उठी, 'माँ ! मैं तेरे सभी दुःख ले लूँगी,' किन्तु उसका अकेलापन ?

वह तो बुधिया ने बचा लिया मुझे। मम्मी का वह प्रिय विद्यार्थी है। मेरे हाथ में बेर की थैली थमाते हुए बोला, 'मीरा बहन, ये लो, मेरी माँ ने कहा था ले जा अपनी टीचर की बिटिया के लिए।'

लौटते समय रास्ते में मुझे मूड में लाने के लिए वृन्दा बोली, 'अभी-अभी बड़े दिन की छुट्टियों में तो मम्मी के पास रहकर आई है !'

वृन्दा, तू भी समय को कैलेन्डर से नापेगी !

13 जनवरी

आज वृन्दा ने 'वुडलेंड' में पार्टी दी। देर थी, अतः पारेख्स में चक्कर लगा आई। चीमनलाल और वकील्स के सुन्दर कार्ड्ज और लेटरपैड देखकर मन खुश हो गया। वृन्दा ने मुझे लेटरपैड भेंट में दिया, 'पतझड़' विविध आकार की सूखी पत्तियों के ब्राउन ब्लॉक्स और ऑफ ह्वाइट बैकग्राउंड। इतना सुन्दर हो, तो 'पतझड़' भी अच्छा लगे।

भोजन करके बाहर आए, तो बोली, 'नेहरू ब्रिज़ पैदल चलें।' उसने सरदार पार्क के दरवाजे से रंग बिरंगे गुब्बारे खरीदे। आज वह कुछ अलग मूड में थी। मेरे साथ चल रही थी किन्तु लगातार ऐसा लगता रहा कि वह दूसरी दुनिया में है।

ब्रिज के बीच पहुँचते ही उसने सभी गुब्बारे नदी में उड़ा दिए और मेरा हाथ पकड़कर बोली, 'हैपी बर्थ डे।' मैं कुछ पूछूँ उससे पहले फिर से बोल उठी, 'तू भी बोल, हैपी बर्थ डे टू के. एम.।' मुझसे और कुछ कहे बिना उसने एक रिक्शा रोक ली।

वृन्दा का यदि ऐसा ही हाल रहा तो...इसके एम.ए. और रिसर्च स्कॉलरशिप का क्या होगा ?

14 जनवरी

आज मकर संक्रांति। कुछ लड़कियों ने पतंग उड़ाई, हंगामा किया, मेस में मामा ने उंधिया-जलेबी खिलाया पर सबकुछ रिच्युअल।

आज शाम को सलिल होस्टल आया। साथ में उसका दोस्त तरुण भी था। वह साइकोलॉजी में रिसर्च कर रहा है। सलिल रुचि को फोन करना चाहता था। दो दिनों से वह मिली नहीं है। रुचि को पहले मैं फोन करूँ, फिर वह उससे बात करेगा...यदि आसपास कोई खतरा न हो, तो ! प्रेम जैसी जीवन की सुन्दर अभिव्यक्ति में भी इस तरह लुकाछिपी खेलना पड़े...मनुष्य का कैसा दुर्भाग्य ! नहीं, हम तो चोर रास्ते न चलेंगे, हम तो सीधे बाड़ ही लाँघेंगे।

वृन्दा आज घर गई है। उसके भाई ने मुझे भी उंधिया-पार्टी में बुलाया था, किन्तु 17वीं को मुझे अपने गाइड को पहले प्रकरण का पहला ड्राफ्ट देना है। दो बरस पूरे होने जा रहे हैं और लिखना अब जाकर शुरू हुआ है। विषय ही इतना बड़ा और विस्तृत है कि कई बार मुझे चिन्ता होती है कि पूरा कैसे होगा ? सन् 1936 से '80 तक के उपन्यासों को कैसे समेटूँगी मैं ! यदि मुझे मनपसन्द विषय मिला होता तो।

कितने ही वर्षों से होस्टल में रह रही हूँ, किन्तु आज रूम एकदम खाली-खाली लग रहा है। सप्ताह भर में ही वृन्दा की आदत हो गई है। यह पलंग भी एकाएक बड़ा-बड़ा-सा लगने लगा है।

15 जनवरी

मुझे लगता है कि लाइब्रेरी जाने से पहले अखबार में 'आज का भविष्य' देख लेना चाहिए। यदि कार्य में सफलता हो तभी जाना चाहिए। यह वाक्य पूरा करते-करते लगा कि यह तो मुहूर्त देखकर मॉडर्निज़्म पर लिखने जैसा हुआ।

आज ब्रिटिश लाइब्रेरी गई थी। जरूरत तो थी डी.एच. लॉरेन्स के उपन्यास 'लेडी चैटरलीज लवर' की, परन्तु उस पर 'बैन' है, इसलिए सोचा कि लॉरेन्स के विषय में कोई अच्छी समीक्षा ही देख लूँ। कहा जाता है कि 'नदी के द्वीप' में 'अज्ञेय' और 'सूरजमुखी अँधेरे के' में 'कृष्णा सोबती' ने स्त्री-पुरुष-सम्भोग का जो काव्यात्मक वर्णन किया है उसपर लॉरेन्स का प्रभाव है।

पुस्तक न मिली।

लौटते समय लालदरवाजा के पास मन को भा जाए ऐसे व्यक्ति को देखा। हलका नीला पुल ऑन, सफेद पैंट, घुँघराले बाल, पतली लम्बी मूँछ, गेहुँए रंग के चेहरे पर मंदस्मित, प्यार और धीरज से वह हाथ पकड़कर चल रहे बालक से बात करता हुआ। बालक भी सुन्दर, स्वस्थ और चपल। दोनों जन गोष्ठी करते हुए धीरे-धीरे सारव रेस्टोरेण्ट के कॉर्नर से अपना बजार की ओर चल रहे थे। एक कहानी का प्लॉट मन में उभरने लगा। ऐसे पिता-पुत्र को देखकर एक युवती का रुकना, कहना कि 'आप मन को भा जाएँ ऐसे हैं।' क्षण दो क्षण का साथ, फिर अलग हो जाएँ अनजान बनकर। किन्तु वह सद्भाव चिरंतन बना रहे। क्या एक व्यक्ति किसी दूसरे को यह नहीं कह सकता कि आप भा जाएँ ऐसे हैं। ! सौन्दर्य का नैवेद्य इससे अधिक और क्या हो सकता है ?

यह वृन्दा भी खूब है ! गई तो गई फिर बासी उत्तरायण मनाने भी रुक गई।

16 जनवरी

आज भी वृन्दा नहीं है। दो दिन बाद आएगी। उसकी भाभी की तबियत ठीक नहीं है। जब उसका फोन आया तो इतना गुस्सा आया...मानो वर्षों से मैं वृन्दा के साथ ही न रहती होऊँ ! मेरा मन बहुत जल्दी नई परिस्थिति के अनुकूल हो जाता है...कुछ भी नया विशेष रूप से न तो चुभता है, न कसकता ही है, अतः चेंज का अनुभव भी बहुत तीव्र नहीं होता।

आज सुबह वृन्दा के फोन के समय ऑफिस में गजब हुआ। नौकरानी सविता ऑफिस बुहार रही थी। फोन पर वृन्दा ने कहा कि उसे भी घर पर अच्छा नहीं लगता। मैंने पूछा–'सचमुच ?'

'हाँ, मेरी मीठी, हाँ, ले तेरे गाल पर यह...' वृन्दा के इस अचानक चुम्बन से कुछ हतप्रभ, कर्णमूल से रोमांचित मैं लगभग स्तंभित हो गई। तभी मुझे देखकर सविता बोल उठी–'कोई अशुभ समाचार तो नहीं है न बहन !'

बेचारी सविता...मेरे लिए उसके मन में थोड़ा सॉफ्ट कॉर्नर है। कभी-कभी उसकी लड़की काली काम नहीं करती, तब वह उसे मेरे पास लेकर आती है। 'बहन, इसे कुछ समझाओ न। इसका बाप कमाता कहाँ है जो अच्छा घर मिलेगा...' कहती हुई वह काली को मेरी ओर हाथ दिखाते हुए कहती, 'देख, ये मीरा बहन भी नौकरी के लिए नहीं पढ़ रही हैं... ।'

हरामखोर पति को छोड़ भाई के साथ रहती सविता के लिए शायद काली और मैं समान हैं !

मेस का कॉन्ट्रैक्टर मामा (काली का मामा इसलिए हम सबका भी मामा) उसे कितनी बार समझाता है किसी के घर बैठ जाने के लिए, लड़की तो होस्टल में काम करेगी, परन्तु उसका मन लड़की को छोड़कर

जाने को नहीं होता और अगर उसे लेकर जाए तो काली को सदैव सौतेली होने का ताना सुनना पड़े...। और दस वर्ष की समझदार लड़की के सामने घर-संसार कैसे शुरू किया जाए ? अभी तो मुश्किल से 30 की होगी सविता...काली के ससुराल चले जाने के बाद ? अचानक मेरे कानों में झूले की आवाज गूँज उठी...खट्...खट्...खट्। रात-बिरात झूले पर झूलती मम्मी।

17
जनवरी

डॉ. जैन के यहाँ पहुँची तब सलिल बैठा था। उसे भी आज की अप्वॉइंटमेंट मिली थी। बैठक में घुसते ही सलिल ने मुझे इशारे से कहा, 'अपन तो गए'। क्या हुआ होगा ? तभी अन्दर के कमरे में से साहब आए। 'कहिए मीरा जी, कहाँ तक पहुँचा ?' मैंने चैप्टर दिया। अगले सप्ताह फिर बुलाया है। बाहर निकलते सलिल को साहब ने टोका, 'तुझे स्कॉलरशिप मैंने रिसर्च के लिए दिलवाई है, समझे ?'

साहब के सामने मन मसोसकर चुप रह गए सलिल का गुस्सा चाय की केटली पर बराबर भड़का। साहब, स्कॉलरशिप और रिसर्च तीनों को गालियाँ देते हुए सलिल से मैंने कहा, 'यह एक चक्रव्यूह है, इसमें नहीं तो दूसरे चक्र में फँसेगा तू। गाइड बदलना या स्कॉलरशिप छोड़ना इसका हल नहीं। मुझे जरा विस्तार से तू पूरी बात कह।'

पहली बार मालूम हुआ कि साक्षर पंडितों के बैर और द्वेष के शस्त्र कितने सूक्ष्म और विषैले होते हैं ! सलिल और रुचि की मैत्री डॉ. जैन को एकदम नापसन्द है क्योंकि रुचि डॉ. त्रिपाठी की स्टूडेंट है जिन्होंने डॉक्टर जैन को बोर्ड ऑफ स्टडीज के एलेक्शन में हराया था। कहाँ शिक्षा की राजनीति कहाँ इन दोनों के निजी सम्बन्ध ?

18 जनवरी

प्रतीक्षा करते समय आपको लगता है कि आप बहुत कुछ कर रहे हैं साथ ही कुछ भी नहीं कर रहे। एक पल के लिए आप स्वयं को एकदम पंगु अनुभव करते हैं तो दूसरे पल थिरकते हुए। कुल मिलाकर शून्य।

किसी तरह दिन काटा। सुबह सनसिल्क की खाली बोतल में सूरजमुखी के फूलों को सजाया। कुछ समय के लिए फूलों ने रूम को भर दिया। लेकिन शाम को लाइब्रेरी से आई तो फिर ज्यों का त्यों। मानो अभी-अभी किसी को विदा करके आई हूँ। टेबल पर बैठी, पर मन...मोती पिरोने जा रही थी और बार-बार हाथ में से सरक जाते थे। हलके उजाले में दीवारें मेरी ओर खिसक रही थीं, मुरझाए फूल मुझे चिढ़ा रहे थे।

मेरी समझ में नहीं आ रहा था। यह उदासी, यह अकेलापन क्या वृन्दा की प्रतीक्षा के कारण है ? मैं तो इतने सालों से अकेली रह रही हूँ। मुझे कभी भी किसी के एकदम निकट जाना बहुत अनिवार्य नहीं लगा। जब डबल-सीटेड में भी तो खास चाहती थी कि शाम को रूममेट न हो, तो अच्छा। बन्द रूम में खुली खिड़की के पास बैठकर सौंप देती स्वयं साँझ को। मुझे लगता मानो मैं रेलगाड़ी में खिड़की के पास बैठी हूँ। पूरी गाड़ी से अलग निकल पड़ती मैं सफर पर...परन्तु आज...।

थैंक गॉड, ऊषा ने आकर मुझे मलबे से खींचकर बाहर निकाला। चल, तुझे एक बढ़िया चीज दिखाऊँ। वह आज ललित कला अकादेमी द्वारा प्रकाशित 'पोर्टफोलियो ऑफ कंटेम्परररी पेंटिंग्स' खरीदकर लाई है। उसमें रवीन्द्रनाथ, अवनीन्द्रनाथ, नन्दलाल बोस, यामिनी रॉय, अमृता शेरगिल और क्षितीन्द्रनाथ मजूमदार आदि के चित्रों की पेंटिंग्स हैं।

चित्रकला में मेरी बहुत गति नहीं है। कभी-कभी चित्रात्मक कविता या वर्णन पढ़ने पर चित्र बनाने की इच्छा हो जाती है, तो कभी

ठेले पर रखी चूड़ियों या साग-सब्जियों के कलर-कॉम्बिनेशन ललचाते हैं रंगों का खेल खेलने के लिए। खैर, परन्तु उनमें से भी रवीन्द्रनाथ का चित्र 'हेड ऑफ वुमन' मन को छू गया। शायद रवीन्द्र साहित्य के परिचय के कारण वह आत्मीय लगा हो !

ऑरेंज बैकग्राउंड में गहरे काले-कुछ गहरे जामुनी जैसे वस्त्र में लिपटा एक लम्बगोल चेहरा, चेहरे का बायाँ भाग और माथे का पौना हिस्सा हल्के अँधेरे में है। चेहरे के दाएँ हिस्से में माथे का भाग, नाक का भाग (प्रकाशित होने के कारण नाक का अगला हिस्सा थोड़ा बड़ा), नीचे का होंठ थोड़ा मोटा और ठुड्ढी के भाग प्रकाश में हैं। आँखें बड़ी हैं। पुतली में सफेदी के बदले जरा जर्द पीला रंग है। काली पुतली के बीचोबीच एकदम चमकते दो-एक सफेद प्रकाशबिन्दु।

यहाँ कवि ने विरोधी रंगों तथा लाइट और शेड का सुन्दर उपयोग किया है।

ऑरेंज बैकग्राउंड में उभरता हुआ, काले-जामुनी वस्त्र में लिपटा हुआ चेहरा, लम्बगोल आकार के चेहरे में लाइन का फोर्स अनुभव किया जा सकता है, साथ ही लाइट-शेड के कारण बहुधा मौन, जरा मुखर चेहरा एकदम उदास, किसी चिन्ता में डूबा हुआ, परन्तु मुखर नोकदार नाक से असर्ट करता और चमकती पुतली में कुछ चुनौती, प्रश्न...।

कहा जाता है कि इस चित्र में निहित रहस्य तत्त्व इस चित्र का सौन्दर्य है।

पता नहीं, चित्र में मुझे जो दिखा वह सही है या गलत, परन्तु मुझे लगता है कि मूलतः प्रत्येक कलाकृति अन्त में भावक की निजी उपलब्धि ही होती है।

19
जनवरी

20
जनवरी

20 जनवरी

कल मेरे और वृन्दा के सम्बन्धों में कुछ और जुड़ा...शायद।

दिनभर वृन्दा की राह देखी। अन्त में चार बजे अपने से ही उकताकर पलंग पर से उठी। माथा तप रहा था। मन हुआ नहा लूँ। दोपहर को गीज़र रिपेयर हो चुका था। नहाने जाते समय मुझे उज्ज्वला याद आई। वह हमेशा शाम को ही नहाती है। और फिर तैयार होकर बाहर निकलती है। शुभांगी कह रही थी कि आजकल उसकी दोस्ती आई.आई.एम. के किसी सरदारजी के साथ हुई है। बाथरूम बन्द करने पर लगा कि मैं किसके लिए तैयार हो रही हूँ!

शाम को वृन्दा आई तब मैं कुर्सी पर बैठकर पढ़ने की कोशिश कर रही थी। पीठ पर फैले आनितम्ब केश और पैरटग्रीन बैकग्राउंड पर हल्दी पीले रंग के बार्डर वाली मम्मी की मुझे अत्यन्त प्रिय लगती सिल्क की साड़ी। मूड को ठीक करने के लिए किया गया ठाठ।

वह आई, आने के साथ ही उसकी सुगन्ध का झोंका रूम को तरबतर कर गया। उसकी तीव्रता का अनुभव करते हुए मुझे अनायास शिरीष की सुगन्ध याद आई। मैंने उसके कदमों की चाप पहचानी परन्तु रूठी हुई मुँह फेरकर बैठी रही। उसने धीरे से मेरे बालों पर हाथ फेरा। बोली, 'देख, सूरज तेरे बालों में सोने की लट् गूँथ रहा है।' मैं हिली नहीं। मेरे कन्धे पर ठुड्ढी टिकाते हुए कहा, 'याद है तुम्हें, हम एक बार स्कूल से राजस्थान के प्रवास पर गए थे उस समय रास्ते में बहुत से राई के खेत दिखे थे। इस समय तू बिल्कुल वैसी ही लग रही है। डूबते सूरज के रेशमी उजाले में हिलता-डुलता राई का खेत...।' वह बोल रही थी और उसके होठों के हलचल और आवाज की कंपन से मेरे कन्धो,

कर्णमूल, गरदन और गाल के अन्दर कुछ कुलबुला रहा था। कोई राख में ढँके अंगारों को फूँक रहा था।

मैं खड़ी होकर बाहर जाने लगी तो वह राह रोककर खड़ी हो गई। मेरे कन्धे पकड़कर उसने नजर चुराती मेरी आँखें पकड़ लीं। उसके चेहरे पर स्मित था। मुझे लगा मैं उसके गालों के डिम्पल में डूबती जा रही हूँ। कब उसने मुझे पलंग पर बिठाया, कब उसने मेरी गोद में सिर रखा। कब उसने मेरे बालों से हमारे चेहरे ढँक लिए, कब उसने...कुछ पता ही न चला। हलके सुरमई उजाले में उसके अपलक नेत्रों को देखती मेरी अवश आँखें। मेरे गले में बाँह डालकर मेरा चेहरा नजदीक खींचते हुए वह बोली, 'याद है, 'नदी के द्वीप' के भुवन की अभिलाषा ?'

अनायास मैं बोल उठी,

'मुश्क-बू-ए-जुल्फ उसकी घेर ले जिस जा हमें,
दिल ये कहता है उसी को अपना काशना कहें।'

बोलते ही मेरी उँगलियाँ अपने आप उसके चेहरे को ट्रेस करने लगीं। उसकी सुडौल भौंहे, बड़ी आँखों को ढँकती लम्बी पलकें, नुकीली नाक, मांसल होठ...मैं उसके होठ चूमने झुकी तभी मुझे झाँसा देकर उसने मेरे स्तन चूम लिए। उसके हाथ मेरी कमर से लिपटे थे, मेरे हाथ भारी होते जा रहे थे। कमर के घोड़ में से कहीं कुछ अँगड़ाई लेता हुआ उठ रहा था। बारम्बार ढल जाती पलकें लड़खड़ाते दृश्यों को थाम ले रही थीं। जैसे ही उसकी गरम-गरम साँस मेरी गरदन पर फैली कि मैं नखशिख हिल गई। एक झटके से मैं उसपर झुककर लेट गई। उसकी गरदन, कर्णमूल, स्तन...चूमते हुए मैंने सुना,

'आई लव यू मीरा।'

'तो फिर के. एम. ?'

'उन्होंने ही तो कहा था तू मेरा आधार है और के.एम. फिलहाल यहाँ है भी कहाँ ? !'

यानी कि के.एम. की गैरहाजिरी में मीरा...चढ़ा हुआ ज्वार एकदम उतर गया, क्या वृन्दा मुझे के.एम. के बदले में स्वीकारती है ? किन्तु यदि ऐसा है तो मेरी देह क्यों उसकी भावनाओं का प्रतिघोष करती है ?

21 जनवरी

पिछले दो दिनों से यह मेरी देह भी मेरी नहीं रही। सुबह नहाने बैठी तब अंग-अंग वृन्दा की भाषा बोल रहे थे।

'...इस कटि की वक्रता में भटकी अनजान नदी की धाराएँ... बिट्वीन हर ब्रेस्ट...मेरा ताजमहल...'

गुनगुने पानी का स्पर्श, एक तीव्र रोमांच और अंग-अंग से छलकता सुख...पूरे शरीर में वाणी अँखुआ रही थी। और उसका एक-एक अक्षर मैं बूझ रही थी। उसके मोड़, ढलान, चढ़ाई और गहराई के अवनवीन सुर सुनाई पड़ रहे थे।

लगता है वृन्दा को चाहने के साथ-साथ मैं अपने शरीर को भी चाहने लगी हूँ।

22 जनवरी

आज भी रोज की तरह युनिवर्सिटी से लौटकर कपड़े बदलने बाथरूम की ओर जा रही थी तभी वृन्दा बोली, 'अभी भी...अच्छा, तू बदल ले; मैं बाहर जा रही हूँ।' मैं दरवाजा बन्द करने लगी तो बोली, 'मुख पर विश्वास रख।' और अभी गाउन गले में डाल ही रही थी कि अन्दर आकर दरवाजा बन्द करते हुए बोली, 'सॉरी, पर मुझे उजाले में देखना था तुझे।' उसका यह पागलपन...मैं कुछ अवाक् हो जाती हूँ। कहीं कुछ एकदम अचानक प्राप्ति की भाँति आता है और दम घुटता है तो कहीं कहीं कुछ अच्छा भी लगता है।

पीछे से मुझसे लिपटकर बोली, 'यदि मैं चित्रकार होती, तो तेरे ढेर सारे न्यूड्स बनाती। ह्वॉट अ फॅन्टास्टिक फीगर !'

मन हुआ कि पूछूँ, 'वृन्दा मुझे स्पर्श करते समय, तुझे दो भिन्न पोत का अनुभव होता है ?' इसके बदले...मैंने कहा, 'चित्र ब्लैक एण्ड ह्वॉइट में बनाने पड़ेंगे।'

'चल हट, तू सच न मानेगी, परन्तु स्कूल में एक बार के.एम. ने कहा था कि तेरी मीरा बहुत सुन्दर है। तूने 'दीप निवार्ण' नाटक में भाग लिया था और इंस्पेक्टर की पत्नी बनी थी। साली, तेरी ब्यूटी बड़ी ऊँची चीज है। तुझे क्या पता ? के.एम. तुझसे जलते भी थे।

'इसलिए ज्यों ही एन.सी.सी. केबिन में आते थे, मुझे पानी लाने भेज देते थे। उसके बाद क्या होता था, ये तो बता ?'

वृन्दा स्तब्ध हो गई। उसका चेहरा एकदम अभेद्य बन गया। थोड़ी देर बाद बोली, 'मैं विवाहपूर्व स्पर्श को भी धिक्कारती हूँ। मीरा, मेरे जीवन का एकमात्र स्वप्न है; एक सुन्दर बच्चे की माँ बनना...।'

और मेरा ? नहीं, मैं अपने वर्तमान को कभी किसी का भविष्य नहीं बनने दूँगी...।

23 जनवरी

आज थिसिस का पहला चैप्टर चेक होकर आया। रिसर्च में स्वतन्त्रता नसीबवाले को ही मिलती है। इस बारे में रुचि बहुत लकी है। मुझे विषय-अनुसार नहीं गाइड-अनुसार थिसिस लिखनी है। छः सौ पेज होने चाहिए। भाषा में पांडित्य झलकना चाहिए। विषय है–'प्रेमचन्दोत्तर उपन्यासों में प्रेम एवं विवाह की समस्याएँ'। किन्तु शुरुआत मुझे उपन्यास की व्याख्या और स्वरूप विश्लेषण से करनी होगी !

एक क्षण के लिए तो विरक्ति हो आई। अपने को भुलाकर, अपने निजी दृष्टिकोण को ताक पर रखने पर पी.एच.डी. मिले तो उससे रिसर्च न करना ही अच्छा ! इसमें एक अक्षर तक मेरा नहीं होगा ! भाड़ में जाए पीएच.डी.। किन्तु मम्मी का स्वप्न ?

24 जनवरी

ऐसा क्यों होता है कि सुन्दर वस्तु को देखकर आप अधिक उदास हो जाते हैं। आज एक बड़ी अच्छी फिल्म देखी, 'बन्दिनी'। भावपूर्ण अभिनय और कर्णमधुर गीत : आजकल की फिल्मों में दुर्लभ होते जा रहे हैं।

फिल्म देखने के बाद मन इतना उखड़ा रहा।...लगा सतत् व्यथित हो रही हूँ, तरस रही हूँ...पर किससे ? शायद, जैसा कि कालिदास ने कहा है, पूर्व जन्म के किसी अज्ञात साथी का तीव्र अभाव बगल में आकर खड़ा हो जाता है।

किन्तु मेरे साथ तो उस समय वृन्दा थी।

फिर भी...

25 जनवरी

इन दिनों मुझे अपना परिचय होता जा रहा है। मेरे स्वभाव में उतनी अधीरता ?

आज लाइब्रेरी जाने का मेरा मूड न था। वृन्दा ने कहा था कि वह तीन बजे आएगी। किन्तु मेरी व्याकुलता दो बजे से ही उसकी राह तकने लगी। एक बार तो विचार आया कि मैं ही चली जाऊँ, मुश्किल से अपने को रोके रखा। तभी ठीक पौने तीन बजे दरवाजे पर दस्तक हुई। मुझे लगा कि वृन्दा आ गई, किन्तु दरवाजे में खड़ी थी इक्कतीस नम्बरवाली मोटी वर्षा। इतनी खीझ आई कि...अब यह चिपकू जल्दी नहीं टलेगी। केमेस्ट्री में रिसर्च कर रही है। पूरी होस्टल इसे मोटी कहती है। शरीर भयंकर स्थूल। सिर एकदम छोटा और चेहरा एकदम मासूम। गाती है बहुत मधुर। उसे वृन्दा से साड़ी की कढ़ाई के लिए रबारी कढ़ाई की डिजाइन चाहिए थी। उसे टालने के लिए मैंने कहा, 'वृन्दा पाँच बजे आएगी।' फिर भी वह अन्दर आई और बे-सिर-पैर की गप्पें हाँककर पौने चार बजे गई। और मुझे लगातार लगता रहा कि वृन्दा अभी आ जाएगी तो मेरे झूठ की पोल खुल जाएगी।

वर्षा पर तो बहुत वश न चला, अतः वृन्दा के लिए मन ही मन बारूद इकट्ठा करने लगी। रूम से छत और छत से रूम करते-करते किसी तरह पौने पाँच बजाए। तभी बहिन जी ने डोलते-डोलते ठीक 4 बजकर 50 मिनट पर गेट में प्रवेश किया ही था कि मोटी वर्षा के हाथों पड़ गई। गए काम से ! रूम में जा, चादर ओढ़कर सो गई।

वह आई। उसने किताबें टेबल पर रखीं। मेरे माथे पर से चादर खिसकाई तो मैं उसकी ओर पीठ करके सो गई। उसने मेरी पीठ पर बॉलपेन से लिखना शुरू किया। एक ओर गुदगुदी हो रही थी, दूसरी ओर मन पढ़ रहा था...मीरा पागल...मीरा...

'हाँ, हाँ, पागल, जा, मत आना मेरे पास।'

'अच्छा तो आप रूठी हैं ? मैं आ रही थी कि तभी तेरे फ्रेंड सलिल-रुचि मिल गए इसलिए चाय की केटली पर बैठ गई, बातें करने। वैसे भी यहाँ काम तो था नहीं।'

'मैं यहाँ राह देख रही थी उसका कुछ नहीं ?' बोलते हुए मैंने देखा कि वह कपड़े बदल रही है। उठकर मैं उससे लिपट गई। 'तू लड़की मुझे पागल बना देगी...' और, फिर एक बार हम दोनों एक धक्के के साथ फेंका गए, उछलते प्रवाह पर...डगमगाते...अवश। हमारे शरीर एक दूसरे को टटोलते, दबते-दबाते कितनी लहरों की चढ़ाई चढ़ते-उतरते पिघलते जा रहे थे...और प्यास तो थी अन्धी दौड़...

26 जनवरी

आज पहली बार अनुभव किया कि दुनिया में इतने सारे रंग हैं। होस्टल पूरी मानो रंगबिरंगे फूलों और तितलियों का मेला !

पूरा भारत जब गणतन्त्र दिवस मनाता है तब हम 'होस्टल डे' मनाते हैं। युनिवर्सिटी कैम्पस के सभी होस्टलों के विद्यार्थी कल्चरल फंक्शन और समूह भोज का आयोजन करते हैं। स्थल, हमारी होस्टल।

आज लेडीज़ होस्टल का 'पूर्ण स्वतन्त्रता दिवस'। आज मित्रों, अभिभावकों सबके लिए दरवाजे खुले।

मेरे मेहमानों में वृन्दा, उसके भाई-भाभी, सलिल-रुचि, तरुण और डॉ. अजीत-रुचि के मामा। परिचय करवाते हुए रुचि ने कहा, 'घर में मेरे लिए ऑक्सीजन हैं मेरे मामा। मेरे मामा मुम्बई से मम्मी का हाल देखने आए थे, वास्तव में कहना चाहिए ये मुझे यहाँ ले आए हैं।'

बातों-बातों में मालूम पड़ा कि वृन्दा की बहन और डॉ. अजीत बोरीवली में एक ही अपार्टमेंट में ऊपर-नीचे रहते हैं। कल डॉ. अजीत वृन्दा के मेहमान हैं। मुम्बई युनिवर्सिटी के अंग्रेजी विभाग में रीडर हैं किन्तु एकदम सहज, सरल, मिलनसार व्यक्तित्व। कहीं कोई दिखावा नहीं...। मुझे लगा सलिल-रुचि को अपना घरेलू मोर्चा जीतने में कोई दिक्कत नहीं आएगी।

खाते समय तरुण से उसके रिसर्च के बारे में विस्तार से बात हुई। तरुण कॉलेज स्टूडेंट्स में सेक्सुअल विहैवियर पर काम कर रहा है। मनोवैज्ञानिक जिसे पहले विकृति (परवर्जन) कहते थे, उसे ही अब वेरिएशन्स कहा जाता है। विकृति शब्द ही मनोचिकित्सक और रोगी के सम्बन्धों में तनाव पैदा कर सकता है और सेक्स जैसे संसेटिव विषय में कोई कंडिशनिंग नहीं होनी चाहिए।

तरुण ने एक बहुत सादी किन्तु महत्त्वपूर्ण बात कही, 'हमारे

संवेदनों की भाषा में अधिकांश शारीरिक अर्थ और अनुभव के मुहावरे हैं। जीवन के विधेयात्मक अनुभव में हम 'हिल उठते' हैं, किसी का सद्भावनापूर्ण व्यवहार हमें 'छू जाता' है। नकारात्मक अनुभव से हम 'टूट जाते' हैं। किसी की बात हमें गहराई तक 'चुभ जाती' है। भाषा का एक रूप यह भी है ?

'होस्टल' में सबसे अधिक ब्वॉयफ्रेंड के लिए यदि मेडल होता तो उज्ज्वला ले जाती ! कई बार होता है, ऐसा तो क्या दीखता है लोगों को उज्ज्वला में ! (क्या यह मेरी ईर्ष्या बोल रही है ? जानती हूँ फीगर और नाक-नक्श में तो मैं कहीं आगे हूँ, लेकिन...) दिखने में सामान्य, सामान्य से लम्बी-चौड़ी रफ-टफ कद-काठी, थोड़ा साँवला रंग,...शायद उसके बिन्दास स्वभाव के कारण लोग आकर्षित होते होंगे। क्या कभी निष्ठा के प्रश्न उसे नहीं टोकते होंगे ! परन्तु मैं क्यों उन सभी सम्बन्धों पर एक ही लेबल चिपकाती हूँ, और किस अधिकार से ? मानो कि उज्ज्वला की जगह मैं होती तो ?

लगता है कि खुद की जिरह में कोई भी विचारशील व्यक्ति साबूत नहीं रह सकेगा। इसीलिए दोस्तोयवस्की कहता है—बौद्धिक मनुष्य एक जन्तु भी बन नहीं सकता।

27 जनवरी

दोपहर

सुबह से ही एक प्रश्न मन को मथ रहा है। आज वृन्दा भी नहीं है। दो घंटे से लाइब्रेरी की केबिन में बैठी हूँ। सामने केवल सूद का उपन्यास मेज पर खुला पड़ा है। किन्तु मन तो भँवर में फँसी नाव की तरह पाँच नम्बरवाली हिना के शब्दों में चक्कर काट रहा है...

'असलियत जानोगी तो वापस ले लोगी। मैंने अपनी रूममेट आभा के साथ शादी की है...'

सुबह मेस में हिना को बहुत दिनों के बाद देखा। स्कूल ऑव आर्किटेक्ट में है। हाथ में रंगबिरंगी चूड़ियाँ, गले में मंगलसूत्र और माँग में सिन्दूर। मैंने उसे अभिनन्दन दिया तो बोली, 'असलियत जानोगी तो वापस ले लोगी। मैंने अपनी रूममेट आभा के साथ शादी की है...।' मेरे चेहरे पर सन्नाटा देख वह बोली, 'हे यू डोन्ट नो अबाउट लेस्बियन ?' वह मुझे मूर्ख मानकर हँसती रही और मैं ?

तो क्या मैं और वृन्दा...हिन्दी के आधुनिक उपन्यासों और मैगजीनों में पढ़ा है। इस्मत चुगताई की 'लिहाफ' कहानी एक जमाने में प्रतिबंधित हुई थी, पता है...स्त्रियों की जेलों में कुँवारी अथवा पुरुष सहवास से वंचित स्त्रियों में इस प्रकार के समलैंगिक सम्बन्ध विकसित होते हैं...यानी कि मैं और वृन्दा लेस्बियन हैं ? परन्तु जो अनुभूति मुझे वृन्दा की उपस्थिति मात्र से होती है वह उत्तेजना उज्ज्वला के अर्धनग्न शरीर को स्पर्श करने पर भी नहीं होती। वर्षों तक मम्मी से चिपककर सोती रही हूँ, कभी ऐसा नहीं लगा।

तो क्या कोढ़ के कारण मेरा भूखा मन वृन्दा की ओर झुका होगा ? परन्तु मुझे तो कभी भी यह नहीं लगा कि मैं दूसरे किसी से

कुछ कम हूँ।...कभी तो वह स्त्री जागती होगी...

सम्भव है यह हमारे सम्बन्धों की प्रगाढ़ता का ही एक डायमेंशन हो...या फिर डायवर्जन ? किन्तु कई बार ऐसा क्यों लगता है कि तीव्र भावावेग की अभिव्यक्ति के लिए शब्द को स्पर्श का साथ चाहिए ?

28 जनवरी

सर्दियों में रात बहुत जल्दी 'रात' लगने लगती है...उसमें यदि अकेलापन घेर ले तो डरावनी भी लगे...हालाँकि वृन्दा मेरे पास है...किन्तु आज शायद साथ नहीं है...कल दोपहर से उसे हिना की बात कहने को उत्सुक थी। बल्कि उसके साथ बात करके हल्की होना, कुछ समझना चाहती थी...परन्तु वृन्दा ? डॉ. अजीत की बातों में डूबी...आज बहुत दिनों बाद उसे इस तरह बोलते देख स्कूल के दिन याद आ गए...किन्तु...

29 जनवरी

कौन जाने वृन्दा किस मुहूर्त में आई है होस्टल में ! आज उसे फिर घर जाना पड़ा। मुम्बई से फोन था कि उसकी बड़ी बहन के पैर में फ्रैक्चर हुआ है। वहाँ पर घर में काम करने वाला कोई नहीं है। साथ ही यहाँ भाभी का बंटी छोटा है। एक क्षण तो मुझे उसके भाई-भाभी पर खीझ चढ़ी...कैसे हैं ? वृन्दा नौकरी नहीं कर रही इसलिए फालतू है ? पर नहीं एकदम ऐसा नहीं है। नहीं तो वृन्दा ही न जाती। माता-पिता के न रहने पर वृन्दा को बड़ी बहन का बड़ा सहारा है। कल सुबह गुजरात एक्सप्रेस से वह जाएगी।

30 जनवरी

आज सुबह मुझपर जो बीती है...अभी भी छाती में धुकधुकी और पैरों में थरथराहट है। जिन्दगी में शायद पहली बार ऐसे दौड़ी हूँ मैं...

वृन्दा की ट्रेन सात चालीस की थी। सुबह जल्दी तैयार होकर सवा छः बजे युनिवर्सिटी बस स्टैंड जाने के लिए निकली। इस समय यहाँ कोई वाहन नहीं मिलता। ठंडी ने गाड़ी एक महीने रिवर्स में ली थी। स्वेटर के ऊपर शाल ओढ़ने के बावजूद कलेजा अन्दर धँसता जा रहा था। एक पल रुककर देखी कि नाक चल रही है या नहीं ? कुलपति-निवास के बगीचे में खिले गुलाब ने गवाही दी। बीच-बीच में स्फुट-अस्फुट मंत्रोच्चार की भाँति दाँत कटकटा रहे थे। सुन्न-अँधेरे रास्ते पर मेरे पदचाप मेरा ही पीछा कर रहे थे। आश्चर्य होता है कि मुझे डर क्यों न लगा ? और यदि कुत्ते पीछे पड़ते तो ! पर तब तो मैं समय के पीछे पड़ी थी।

स्टैंड पर पहुँची तो एकदम सन्नाटा ! क्षणार्ध के लिए तो दहल ही गई। पहली बार इतना सूना बस स्टैंड देखा था। स्टैंड के पीछे कनुभाई की गुमटी के पास एक बेंच पर पाँव सिकोड़े गुड़ीमुड़ी होकर सोये देवी को देख थोड़ा सुकून मिला। पूरे दिन गुलजार रहता स्टैंड देवी का मजाक उड़ाता था; किन्तु इस समय तो देवी की फटी-चिथड़ी गुदड़ी और बस स्टैंड समान रूप से निरीह लग रहे थे। गुमटी के पास बुझे अलाव में अधजले टायर और कागज पड़े थे। पवन भी बैठी ठंड के कारण कहीं पाँव सिकोड़कर दुबका पड़ा था।

पौने सात तक राह देखी। न बस, न रिक्शा। अन्त में नवरंगपुरा की दिशा में लगभग दौड़ने लगी। रास्ते में इक्के-दुक्के दूधवाले या अखबारवाले दिखलाई दे जाते। कॉमर्स कालेज पर रिक्शा मिला। आगे रेलवे का फाटक बन्द, लगा मैं अब वृन्दा से कभी भी नहीं मिल

सकूँगी...

स्टेशन पहुँची तब सात बजकर पैंतीस हो चुका था और मुझे प्लेटफार्म नं. 3 पर जाना था। मुझसे ये सीढ़ियाँ कैसे चढ़ी जाएँगी ? पैर गल रहे थे और छाती धौंकनी की तरह चल रही थी। पुल पर से दौड़ते हुए देखा : अपार मानव समुद्र...कहाँ खोजूँ इसमें अपनी लहर को ?...सीढ़ी के पहली पायदान पर बैठ गई। आँखों में आँसुओं की धार...घनघोर जंगल में मैं भटक गई थी...तभी ट्रेन की सीटी बजी, मैं उठी और सरकती ट्रेन के प्रत्येक डिब्बे को विदा करने लगी, हाथ हिलाकर...इसी ट्रेन में कहीं मेरी वृन्दा है...है...है...इस समय तो वह पूरा दृश्य पागलपन-सा लगता है, परन्तु उस क्षण तो...

31
जनवरी

वृन्दा नहीं।

वृंदा नथी.

1
फरवरी

वृन्दा नहीं।

વૃંદા નથી.

4 फरवरी

आज सुबह पोस्टमैन को देखकर लगा कि वृन्दा का पत्र होगा ? मैं बावरी तो वृन्दा के गाड़ी में बैठने के क्षण से ही पत्र की राह देख रही हूँ ! बेचारी को वहाँ बहन की देखभाल में कहाँ से समय मिलेगा !! उसके एम.ए. का क्या होगा ?

7
फरवरी

पिछली सात तारीख को वृन्दा होस्टल में आई थी। पिछले सप्ताह से मेरी डायरी अनियमित हो गई है। मानो वृन्दा नहीं है तो मेरी डायरी भी गूँगी हो गई ! वृन्दा, मेरी डायरी जितनी ही मेरे करीब। बेझिझक, गलतफहमी के भय बिना मन खोला जा सके ऐसी !

9
फरवरी

वृन्दा, उज्ज्वला के नीम पर तो वसन्त आ गया, हमारा शिरीष कब खिलेगा ?

10 फरवरी

क्या उसे दो लाइन भी लिखने का समय न मिलता होगा ? बारह दिन हो गए। मैं उसे एक बार भी याद न आई होऊँगी, मुझे भूल गई ? जानती हूँ, मुझे इतना व्यग्र नहीं होना चाहिए किन्तु वास्तव में जो जाता है उसके सामने तो एक नया ही दृश्य खुलता है...पीछे छूट जानेवाले पर तो फैल जाता है स्मृतियों का जल, चारों ओर से...

मैंने पी है उसके नाभि की गहराई...दूर-दूर तक खींच ले जाती, रोम-रोम से जकड़ लेती, लिपट जाती जंगली लता की भाँति...सरपट दौड़ते घोड़े पर सवार शिकारी की अन्धाधुन्ध गति में हम...एक बवंडर उठता, डालियाँ गुँथ जाती, तने में उबलने लगता लावा, महक कर मसल जाते फूल...भरी बरसात में भींगते, बौछार झेलते, पड़े रहते चिपककर एक दूसरे से...क्लांत...चूम लेते एक दूसरे के स्तन...तालाब की तली में से बार-बार सतह पर आती मछलियों जैसी हम...।

11 फरवरी

आज वृन्दा का पत्र आया। पन्द्रह को आ रही है। मात्र दो पंक्तियाँ लिखी हैं...मैं भी कैसी हूँ ? कल तक पत्र न लिखने की फरियाद कर रही थी और आज पत्र के छोटे होने की ! वहाँ परीक्षा की तैयारी के लिए भी उसे समय न मिलता होगा, और मेरी अपेक्षाएँ...

12 फरवरी

सिफारिश के हाथ लम्बे। रवि, कवि और अनुभवी से भी। वृन्दा को होस्टल में रूम चाहिए था तब नहीं था, परन्तु शहर के नामांकित डॉक्टर की पत्नी श्रीमति बिरवा सेठ के लिए रातोंरात रूम हाजिर ! हँह् !

13 फरवरी

आज युनिवर्सिटी सिनेट हॉल में गुजरात माउंटेनीयरिंग क्लब के स्लाइड शो में रुचि मिली। छब्बीस जनवरी के बाद हम आज मिले। रुचि ने बताया कि उसने मुझे तीस जनवरी को स्टेशन पर देखा था, किन्तु भीड़ में वह दूर थी अतः बात न कर सकी। वह अपने मामा को छोड़ने गई थी। वृन्दा और डॉक्टर अजीत एक ही डिब्बे में थे, किन्तु न तो वृन्दा ने मुझे अजीत के साथ की बात की न ही पत्र में उसका उल्लेख किया ! शायद उसे लगा हो कि यह बात मुझे अच्छी न लगेगी, किन्तु ऐसी शंका क्यों ? और मुझे यह आग्रह क्यों रखना चाहिए कि वृन्दा सब बात मुझे बताए ही ?

सुना है अपेक्षाएँ भी प्रिय पात्र को बाँध रखने का माध्यम हैं। बाद में 'पात्र' रहेगा, 'प्रेम' नहीं।

आज प्रेम का एक नया ही रूप देखने को मिला। गत अप्रैल-मई में हिमालय के कालिन्दी शिखर पर आरोहण का आयोजन श्रीमती मंगला देशमुख की कैप्टनशिप में किया गया था। पाँच साल पहले हिमालय आरोहण के दरम्यान डॉक्टर देशमुख का अवसान हुआ था।

डॉ. देशमुख पी.आर.एल. में साइंटिस्ट थे। उस टुकड़ी में कुल छः लोग थे—पाँच मित्र और एक शेरपा। बेस कैंप डालने के बाद मौसम को देखते हुए कुछ वस्तुओं की जरूरत पड़ने पर शेरपा और तीन लोग नीचे गए। टेंट में बचे डॉ. देशमुख और पद्‌मजा, वह मेडिकल-स्टूडेंट थी। मित्रों के नीचे जाने के बाद अचानक बर्फ का तूफ़ान आया। पन्द्रह दिनों तक इधर-उधर खोजने के बाद दोनों की मृतदेह मिल सकी। डॉ. देशमुख तो स्लीपिंग बैग में ही खत्म। और पद्‌मजा टेंट के दरवाजे पर भागने की मुद्रा में बैठी ! घर, वतन और स्वजनों से दूर अकेले कैसे मृत्यु का सामना और स्वीकार किया होगा उन्होंने ?

परन्तु आफ़रीन हो जाना पड़ता है श्रीमती देशमुख और मित्रों के मिजाज पर ! स्वर्गीय के अधूरे सपने को पूरा करके एक पर्वतारोही को शोभा दे, ऐसी श्रद्धांजलि दी। यह है हिमालाय के सहवास से अर्जित खुमारी ! एक दुबली-पतली सामान्य-सी दिखती गृहिणी को पतिवियोग सहन करने और उसके अधूरे काम को पूरा करने की सामर्थ्य कहाँ से मिलती ?

आज तक मेरे पास एक हिमालय था—शब्दस्थ। इस स्लाइड शो में पहली बार ही सौन्दर्य का रौद्रत्व देखा। 'शिव का राशिभूत अट्टहास'—प्रतीति हुई कि शिव के सिवा हिमालय को दूसरा कोई नहीं झेल सकता और न हिमालय के सिवा कोई और शिव को। दूर से बुलाती—सूर्य-चन्द्र की लुकाछिपी में मोहक रूप धारण करतीं शिखरों की दुर्गम चढ़ाइयाँ; प्रतिपल आपके साहस की परीक्षा लेती स्फटिक स्वच्छ झरनों की अन्धी गति, आपकी मुट्ठी में बन्द जिन्दगी के सम्मुख अट्टहास करतीं भयानक खाइयाँ, आपके स्पर्श को चुटकियों में मसल देते बर्फ के तूफ़ान...ये देखने के बाद हिमालय के प्रति आपकी सारी रोमांटिकता गल जाए ! एक पल तो लगा, बाहर निकल जाऊँ। छाती पर कोई एक के बाद एक पत्थर रखता जा रहा था। किन्तु आँखें भुक्खड़ की भाँति एक भी दृश्य छोड़ती न थीं।

यही तो खूबी है हिमालय की। आप उससे आतंकित हों, फिर भी छोड़ न सकें।

एक सपना आँजकर आई हूँ। जीवन में एक बार तो हिमालय का चरण स्पर्श करना ही है। मैं और वृन्दा निकल पड़ेंगे कन्धे पर थैला लटका कर।

14 फरवरी

कैसेट प्लेयर में वाणी जयराम गा रही हैं 'प्राण हमारा वहाँ बसत है यहाँ तो खाली खोल...' इससे पहले लता के स्वर में मीरा के भजन सुने थे। लता के स्वर-माधुर्य में धीरे-धीरे झरा करती है मीरा की तन्मयता। पहली बार अनुभव कर रही हूँ कि अलग स्वर और बंदिश 'शब्द' को नखशिख बदल डालते हैं। वाणी का स्वर और रविशंकर ही स्वर-रचना में मीरा का नाचना-गाना दोनों अनुभव होता है...श्याम मने चाकर राखो जी...समर्पण भाव का उफनता प्रवाह। मम्मी को अत्यन्त प्रिय है—मीरा। इसीलिए तो उसने मेरा नाम मीरा रखा है। किन्तु केवल समान नाम से मीरा की भक्ति, समर्पण और साहस थोड़े ही पाया जा सकता है !

इस समय नवानगर में बैठी हूँ और मन है अहमदाबाद में। सोचा था कि कल सुबह वृन्दा को लेने स्टेशन जाऊँगी। 'हमारे' शिरीष के फूल लेकर...इन दिनों शिरीष की डालियाँ मेरी छत और खिड़की पर झुकी आ रही हैं, हाथ में महकते दीप लेकर। बर्थ डे केक पर खिल रहे शिरीष के फूल लगाएँ तो ! नौकरानी सविता से टेसू भी मँगा रखे थे, कल के लिए...पूरे सत्रह दिन बाद मिलेंगे हम...और हमारी बातें...

कभी-कभी ऐसा भी होता है कि जिन पलों की आपने अवनवीन कल्पना कर रखी हो, तीव्र चाहना हो, वही आपके हाथ में न रहे...

आज सुबह ग्यारह बजे मम्मी का पोस्टकार्ड मिला—'काम है, आ जाओ।' एक बजे की बस मिली। रास्ते में तरह-तरह के विचार...क्या होगा ? बीमार ? या फिर स्कूल का कोई प्रॉब्लम ? किसी तरह घर आया। पहुँची तो पाया मम्मी स्कूल गई हुई थी। पड़ोसिन नलिन बहिन ने बताया कि तुझे होली खेलने के लिए बुलाया है। बस, इसी बात के लिए ? बिना कुछ भी खाये-पीए रूम में सो गई। साढ़े पाँच बजे लौटते समय मम्मी मेरी प्रिय सैंडविच लेती आई थी। मुझे सोती देख रूम में

आई तो मैंने करवट बदल ली। मम्मी के पीछे-पीछे आया नलिनी बहिन का बेटा रुद्राक्ष बोला, 'माँ ! बहन को क्या हुआ है ?' मम्मी बोली, 'रो रही है बहिन।' 'छि, दंदीबेन।' रुद्राक्ष के प्रमाणपत्र ने मुझे हँसा दिया।

परसों मम्मी प्रिंसिपल का चार्ज लेगी। मुझे सरप्राइज़ देने के लिए उन्होंने पड़ोसियों को भी नहीं बताया था। साझा करनेवालों की कमी सुख में भी सालती है।

15 फरवरी

आज मम्मी को उसकी मनपसन्द गरम-गरम 'पूरनपोली' खिलाई। दोपहर बाद बाजार में मस्ती मारी। मम्मी ने मेरे लिए दयाराम प्रिंट की साड़ी खरीदी, ऑफ ह्वाइट बैकग्राउंड पर मैरून और डॉर्क ग्रीन फूल...एकदम उत्सवी मूड में आ जाएँ ऐसी। (शाम को उद्‌घाटन भी कर लिया) मैंने वृन्दा के लिए रबारी कढ़ाईवाला शोल्डर बैग खरीदा। ट्रेडिशनल डिजाइन और रंग...सोचा टेसू से नहीं तो इस प्रकार उसे रँगूँगी। लौटते समय होटल में दोसा। दिनभर की घटनाओं पर नज़र डालने पर लगता है हम परस्पर एक-दूसरे को प्रसन्न करने की कोशिश कर रहे थे।

सुबह पड़ोसिन नलिनी बहिन और रुद्राक्ष हमें गुलाल से रँग गए। मैंने रुद्राक्ष के गाल से गाल रगड़कर उसे रँगा। उनके घर तो आज मेला था। तीन देवर, देवरानियाँ और बच्चे। खूब ऊधम। उसमें भी एक देवर ने तो रसोईघर को ही रंगों का मैदान बना दिया। पूड़ी के लिए आटा दुबारा गूँथना पड़ा।

देवर-भाभी का यह दंगा तरुण देखे तो कहेगा कुछ भी निर्दोष नहीं। तो क्या स्त्री-पुरुष सम्बन्ध में स्वाभाविकता कभी भी सम्भव ही नहीं ? तो फिर तरुण और सलिल के साथ मेरी जो मैत्री है वह भी ? नहीं, तरुण कहीं अतिवादी होकर सोचता है। मैंने उसे कभी भी मात्र पुरुष के रूप में अनुभव नहीं किया, न तो उसकी उपस्थिति में मैं अपने स्त्रीत्व को लेकर सचेत होती हूँ।

मुझे लगता है कि अब स्त्री-पुरुष की सीमाओं से उठकर विशद मनुष्यत्व की प्रतिष्ठा करने की आवश्यकता है। इसमें स्त्रीत्व को भुनाने की वृत्ति छोड़नी होगी, स्वयं को पुरुष से अलग न मान इस दिशा में पहल की जा सकती है।

16 फरवरी

कहा जाता है कि अति स्नेह शंका का कारण है। लगता है, मुम्बई गई थी वो वृन्दा वापस नहीं आई है। आज सुबह पौने ग्यारह बजे मम्मी ने स्कूल में चार्ज लिया और मैं अहमदाबाद के लिए निकली। नॉनस्टाप मिली तो लगा कि वृन्दा के पास जल्दी पहुँचूँगी। पौने तीन बजे होस्टल पहुँची, युनिवर्सिटी से पैदल। वैसे तो सर्दियाँ हैं पर दोपहर की धूप मई-जून जैसी तेज। मन में था कि रूम पर पहुँचकर वृन्दा के होने की शीतलता मिलेगी, किन्तु देखा तो रूम में ताला। पड़ोस का उन्तालीस भी बन्द। अड़तीस में जाकर उज्ज्वला को जगाया भर नींद से। उसी ने बताया कि वृन्दा ने तो उन्तालीस में शिफ्ट किया है। आज सबेरे शुभांगी स्टडी-टूर पर जामनगर के पास पिरोटन गई है। महीने भर बाद आएगी, तब तक वृन्दा उसके रूम में रहेगी। सुनकर दिग्मूढ़...उबरने के बाद लगा, इतनी भी क्या अधीरता...मैं आनेवाली थी फिर भी वह बाहर क्यों चली गई...अनेक शंका-कुशंका ने मुझे निचोड़ डाला...सात बजे तक वृन्दा की राह में इधर-उधर डोलती रही। आने के बाद भी उसने कहा, 'तू थकी होगी, आराम कर। अच्छा, फिर मिलते हैं।'

क्या वह मुझसे दूर जाना चाहती है ? जानती हूँ, परीक्षा नजदीक आ रही है। उसकी कोई खास तैयारी भी नहीं हुई है, फिर भी...

17
फरवरी

इस समय रात के दो बजे हैं। थोड़ी देर पहले ही वृन्दा के पास से लौटी हूँ। एक बजे तक सोने की कोशिश करती रही पर नींद तो कोसों दूर। बीता हुआ समय लगातार सिर पर सवार...मेरे और वृन्दा के बीच मात्र एक दीवार है। क्या एक ही दीवार है ? कहीं पढ़ा है, 'मैंने अपनी पत्नी को वनवास दिया है, बिस्तर पर एक सूत दूरी रखकर...'

लगा, वह न बोले तो कोई बात नहीं; मैं तो जा सकती हूँ न उसके पास ! वह कुर्सी में बैठी पढ़ रही थी। जाकर उसके पीछे खड़ी रही। उसके दोनों कन्धों पर हाथ रख आगे झुककर उसके कपोल को चूमा। कोई भी प्रतिभाव नहीं। उसे कुर्सी समेत अपनी ओर घुमाया परन्तु... 'सॉरी मीरा, मुझे पढ़ना है...'

वह मुझसे कुछ भी कह सकती है। यह उसका अधिकार है, पर आँखें मिलाकर। वह सतत् मुझसे आँखें चुराती लगती है। क्यों ? क्या किसी और कारण से वह शुभांगी के रूम में रहने गई होगी ? नहीं, मुझे इतना ज्यादा भावुक नहीं बनना चाहिए कि बात का स्वाभाविक मतलब ही खो जाए। किन्तु मन है कि...

18
फरवरी

सुबह

आज सुबह एक दहशत के साथ हुई। नींद में से हड़बड़ाकर मेरे हाथ चोटियाँ टटोलने लगे। दोनों सलामत थीं।

मानो मैं अपने घर के पिछवाड़े कम्पाउंड में बीचोबीच चित्त पड़ी हूँ। मेरा सिर मोगरे की क्यारी में है। तभी मेरी दाईं चोटी पर साँप चढ़ता है, गहरा हरा, लम्बा, चमकता। डर के मारे मेरे प्राण तालू से चिपक गए। तभी दूर से किसी ने मुझसे कहा, 'चोटी काट दो।' और मैं कैंची उठाकर चोटी काटने जा रही थी कि तभी मेरी आँख खुल गई !

19
फरवरी

आजकल शाम को लाइब्रेरी से जल्दी होस्टल जाने का मन नहीं करता। उसमें भी सन्दर्भग्रन्थ-सूची तैयार करने के लिए इंडेक्स कार्ड देखते-देखते पता नहीं न चला कि कब साढ़े आठ बज गए। वैसे भी आजकल टेकनिकल काम ही हो सकते हैं। रोड पर आई तो काफी अँधेरा हो चुका था। पिछले दो दिन से थोड़ी ठंड भी बढ़ गई है। युनिवर्सिटी से लेडीज होस्टल का रास्ता सुनसान था। सोचा, रिक्शा कर लूँ, फिर लगा पैदल ही चली जाऊँ। सम्भव है—आम, नीम और शिरीष पर छाया वसंत मेरी उदासी ले ले। उतरते अँधियारे में धीरे-धीरे टहलती हवा मेरे मुरझाए विचारों को फ्रैश कर दे...मुश्किल से बीसेक डग चली होऊँगी कि पास से स्कूटर हॉर्न बजाते हुए गुजरा। इस खलल पर खीझूँ उससे पहले ही वह पीछे मुड़ा, इस बार स्कूटर सवार साभिप्राय हॉर्न बजाता हुआ गया। उसने मुझे अपने विचारों में से खींचकर बाहर निकाला। तेजी से चलने लगी। पी.आर.एल. के स्टाप पर खड़ी हो गई, रिक्शा या बस जो मिले उसे लेने। मैंने देखा कि वह स्कूटर तीसरी बार मेरे पास से गुजरा और अटीरा के गेट से थोड़ा आगे जाकर खड़ा रहा। दसेक मिनट बाद बस आई। दस मिनट का यह समय कैसे बीता, यह तो मेरा भगवान ही जानता है।

लगातार मन में होता है कि उस आदमी ने ऐसा क्यों किया ? क्या उसने मुझे चालू लड़की समझा ?

20 फरवरी

प्रत्येक वयस्क व्यक्ति को अपनी जिन्दगी के बारे में कोई भी निर्णय लेने का अधिकार है, वृन्दा को भी। परन्तु किसी तीसरे पक्ष की तरह मुझे उसका निर्णय जैसे जानने को मिला स्वाभाविक है उससे मेरा दिल दुखे। आज शाम को मेस में मैं, वृन्दा और उज्ज्वला एक साथ पहुँचे। उज्ज्वला मेरे पास ही कुर्सी छोड़कर बैठी। परन्तु वृन्दा हाथ धो जानबूझकर थोड़ा लेट आई और उज्ज्वला के सामने बैठी। एक क्षण तो लगा यदि मैं हवा में पिघलकर गायब हो सकती तो कितना अच्छा होता ? उज्ज्वला ने कहा भी, 'क्यों, दो हंसों का जोड़ा...वृन्दा अगले वर्ष रिसर्च ज्वाइन कर रही हो न ?'

'नहीं, शायद मुम्बई जाऊँ। मेरे जीजा जी के मित्र हैं डॉ. अजीत, उन्होंने सजेस्ट किया है।' जवाब में वृन्दा का ठंडा स्वर सुनाई दिया। मुझे लग रहा था। वृन्दा दूर जा रही है, किन्तु इतनी दूर ? सहज परिस्थितियाँ उसे दूर ले गई हैं या मेरा कोई व्यवहार ? या फिर अब उसे मेरी जरूरत नहीं ?

21 फरवरी

आज वॉर्डन की वी.आई.पी. गेस्ट को देखा। देखने के बाद उनके बारे में धारणा बदल गई। बिरवा, देखते ही लगा मानो भटक गई हो। अंग्रेजी में पीएच.डी. कर रही है। उसके फिगर को देखकर नहीं लगता कि उसकी दस साल की बेटी भी है। सामान्य से जरा-सी कम ऊँचाई, चाँदनी-सा दुधिया रंग, काली भौंहें, पारदर्शी आँखें, नन्हीं-नन्हीं हथेलियाँ, ध्यानाकर्षक लाल होठ...छोटा अवार...निचला होठ जरा मोटा...देखकर मुझे वृन्दा के होठ याद आ गए। किन्तु वह तो कभी भी होठ न चूमती है, न चूमने देती है...

22
फरवरी

शाम को लाइब्रेरी से आने के बाद आफिस में पत्र देखने गई। कामानी साहब का कवर था C/o मीरा याज्ञिक। साहब आपको पता नहीं है ? वृन्दा को उसका ठिकाना मिल गया है !

ऊपर आकर देखा तो वृन्दा का रूम बन्द था। भोजन के समय मेस में भी न दिखी। साढ़े नौ बजने वाले हैं। क्या हुआ होगा ? घर से कोई समाचार आया होगा ?

साढे-दस बजे वह और ऊषा आई। छत पर से मैंने उन्हें बाड़ फाँदते देखा। चुपचाप जाकर किवाड़ के नीचे से पत्र सरका, रूम में आकर सो गई। मन हुआ कि चीख-चीखकर कहूँ, वृन्दा को मेरी जरूरत नहीं है...नहीं है...नहीं है...

23
फरवरी

सम्बन्ध
हमारा सम्बन्ध
खिसकता गाड़ा
और
लटकते, लबड़ते
घसीटते, रेंगते
हम।
चलो न,
तोड़कर भाग जाएँ
यह रास, भले जग जाए गाड़ीवान !
इतना बचा लेने की
दहशत
कब तक रहेगी खींचती,
हमारी
लँगड़ाती चाल को और सड़ा कन्धा ?
और
कहाँ तक
उठाते रहना होगा
यह
उठंग मौन !!
बोल वृन्दा, कब तक ?

24 फरवरी

आजकल होस्टल में फोन के लिए सबसे अधिक कोई बदनाम है तो बिरवा। डॉक्टर पल-पल का रिपोर्ट लेता है उसके। क्या खाया ? नींद आई ? कम्पनी मिली ? नौकरानी है ? सफाई कैसी है ? पानी उबालकर पीती हो न ? सतत् चिन्ता। मुझे लगता है बिरवा को होस्टल और घर में बहुत फर्क नहीं लगता होगा ! बिरवा बता रही थी कि शादी के बाद बिरवा के लिए प्रत्येक निर्णय उसका पति लेता है। फिर चाहे वह पी.एच.डी. का विषय हो या शापिंग ! बाजार तो उसे जाना ही नहीं पड़ता। सब कुछ समय से, उसके पति की देखरेख में, पति के हाथों। क्या चिन्ता यानी कि प्रेम ? ऐसी देखभाल पत्नी को लौंदा नहीं बना देंगी ? इतनी पढ़ी-लिखी बिरवा को क्या कभी घुटन नहीं होती होगी ? इसीलिए उसके व्यक्तित्व में एक विचित्र निर्लिप्तता है ?

बहुत कठिन है, इस 'सम्बन्ध' नामक तत्त्व को पाना। पति-पत्नी ही क्यों, दो व्यक्तियों के सम्बन्ध में परस्पर स्वतन्त्रता की स्वीकृति कब लीस्ट कंसर्न बन जाए और एक-दूसरे पर अधिकार कब घुटन, कुछ नहीं कहा जा सकता...

25
फरवरी

अब मुझे भी कह देना चाहिए, नहीं मुझे भी वृंदा की कोई जरूरत नहीं। आज 'सिद्धार्थ' फिल्म का आखिरी दिन था। वृन्दा से पूछा तो बोली, 'पढ़ना है।' कल ऊषा के साथ फिल्म और डिनर था तब समय नहीं बिगड़ा ? नहीं, उसकी बात का बुरा मानकर मुझे अपनी कमजोरी नहीं बतानी है।

सोचा, अकेली जाऊँगी तभी उज्ज्वला संग हो ली। हालाँकि उसकी बुद्धि पर मुझे बहुत भरोसा न था। एक बार 'नदी के द्वीप' पढ़ने ले गई थी। थोड़ा बहुत पढ़कर बोली, 'भुवन तो नपुंसक है। रेखा से प्रेम करने के बदले रोने बैठ जाता है।' उसे कैसे समझाऊँ कि वह रोता क्यों है ? सुन्दर अनुभव के चटक जाने की कल्पना भी संवेदनशील व्यक्ति को हचमचा देती है।

अन्त में हुआ वही, जिसका डर था। भर्तृहरि ने कहा है, अरसिकेषु काव्य निवेदनं शिरसि मा लिख् मा लिख।' आज मैं कहती हूँ, 'अरसिक संगे सौन्दर्य दर्शनम् शिरसि मा लिख-मा लिख।' सिद्धार्थ-कमला सम्बन्ध को वह केवल जैव-स्तर पर ही देखती रही।

जीवन की एक सुन्दर घटना। स्त्री-पुरुष अपनी सुकोमल भावनाएँ शरीर द्वारा परस्पर आदान-प्रदान करते हैं। यह एक संवाद है, संप्रेषण की खोज है। नित नवीन कथन भंगिमाओं के प्रयोगों द्वारा संवेदना के अनेक अपरिचित प्रदेश खुलें। यह सहज है, स्वभाविक है और सुन्दर है।

लिखते-लिखते लगा कि मैं सेक्स का त त्वज्ञान बघार रही हूँ। फिल्म में सिमी ग्रेवाल और शशिकपूर का अभिनय देख मन प्रसन्न हो गया। पण्यांगना कमला की अनावृत देहयष्टि...मध्यकालीन शृंगारकाव्य की सालंकारा छंदोबद्ध पंक्ति...लय और माधुर्य से मंडित...शशिकपूर के

अभिनय में निर्दोषिता और सत्य पाने की झंखना साकार दिखाई दी। कमला को जब वह पहली बार चूमता है वह दृश्य...एक कोरी पाटी की चेतना और अनाघ्रात संवेदना अभिनय में लाना वास्तव में चैलेंज रहा होगा।

याद आया, हजारीप्रसाद द्विवेदी के उपन्यास 'अनामदास का पोथा' के नाट्य रूपांतर का मंचन कितनी बड़ी चुनौती होगी ?

जीवन में पहली ही बार कोई पुरुष किसी स्त्री को देखे तो कैसा अनुभव करे ?

26 फरवरी

कई बार मुझे लगता है कि मैं अपना सफेद दाग भूल जाती हूँ, यह ठीक है ? क्या मुझे याद रखना चाहिए कि मैं सबसे अलग हूँ, कुछ हीन हूँ ?

आज शाम को शहर से लौटते हुए लाल-दरवाजा से पंचावन में बैठी। मैंने देखा कि कंडक्टर धीरे-धीरे टिकट काट रहा था, एक-एक पैसेंजर आता, मेरे पास की खाली सीट के पास थमता और दूसरी सीट खाली दिखते ही चला जाता। मेरे बगल की सीट सदैव ही लगभग अन्त में भराती है। शायद इसीलिए मैं साथ में बैठनेवाले से बेपरवाह रहकर कुछ दुश्मनी निभाने का सुख ले लेती हूँ।

आज भी वैसा ही हुआ, बस जैसे ही नेहरू ब्रिज उतरी, आँखें साबरमती से मुक्त हुईं कि मेरी नजर अगली सीट की पाइप पकड़ी हुई उँगलियों पर पड़ी। दसों उँगलियों के पोर सफेद, थोड़े पंजे भी। चेहरे की ओर देखा तो चौंक गई, अरे ! यह तो नैना। बी.ए. फाइनल में हमारे साथ थी। किन्तु उस समय तो यह दाग...कितनी सुन्दर थी बेचारी ! तुरन्त लगा, उस पर दया खानेवाली मैं कौन ?...यह मेरा सुपरियरिटी कॉम्लेक्स तो नहीं बोल रहा है न ? यदि ऐसा है तो वह भी ठीक नहीं है। ग्रंथि कोई भी हो वह आपको गुमराह करती है।

27
फरवरी

आजकल युनिवर्सिटी क्षेत्र के वृक्षों को सोलहवाँ लगा है। उन्हें चेंज के लिए कहीं जाना नहीं पड़ता। मात्र ऋतुओं का मनभर भरपूर स्वागत करना होता है। फिर चाहे वह देह पर से अन्तिम पत्र उतार लेती पतझड़ हो या रंग सुगन्ध की उत्सवी लहरें उड़ाता वसंत या फिर परछाईं तक सोख लेती प्यासी ग्रीष्म।

वृन्दा, जिस शिरीष के खिलने की हम दोनों प्रतीक्षा कर रहे थे वह तो खिलकर...

28 फरवरी

मन होता है कुछ दिनों के लिए कहीं चली जाऊँ। आज अखबार में विज्ञापन है। केन्द्रीय हिन्दी निदेशालय द्वारा आगामी मई-जून में अहिन्दी भाषी हिन्दी नवलेखकों के शिविर का आयोजन किया जा रहा है। अरजी भेजने की आखिरी तारीख है 15 मार्च। कभी-कभी कविता जैसी, दो-चार तुकबंदियाँ हो जाती हैं। जाने की इच्छा हो रही है। इसी बहाने थोड़ा बाहर निकल पाऊँगी।

2 मार्च

पहले सुना था, अब प्रतीत हो रही है—पीएच.डी. यानी नब्बे प्रतिशत मजदूरी और उसमें भी आपके सात जन्मों के पुण्य संचित हों तभी आपको अच्छे गाइड मिलें और गाइड भी डिग्री मिलने तक अच्छे बने रहें।

कल युनिवर्सिटी स्टूडेंट्स यूनियन की मीटिंग है। केमेस्ट्री में रिसर्च कर रही विजयाश्री का प्रॉब्लेम है। मद्रास में शिक्षक की नौकरी कर रहे पिता की मझली बेटी को यू.जी.सी. की स्कॉलरशिप मिली, अतः चार वर्ष होस्टल में रह सकी। उसके गाइड ने उसे घर के सदस्य जैसा रखा। वे ही उसके लोकल गार्जियन थे। परन्तु आज ? सम्भव है न्याय के लिए श्री को उपवास पर उतरना पड़े !

श्री की थीसिस तैयार है, किन्तु उसके गाइड एक वर्ष बाद उसे सब्मिट करने के लिए कह रहे हैं। लगभग आगामी मार्च तक विभाग में लेक्चरर की जगह होनेवाली है और इसी के लिए सब हो रहा है ! मन्न खिन्न हो उठता है...

4
मार्च

इस समय तो पूरे होस्टल के दिन-रात बदल गए हैं। परीक्षा का मौसम पूरे बहार पर है। देर रात तक जलते बल्ब, दिन में बन्द रूमों के दरवाजे पर लटकती सूचनाएँ—डोंट डिस्टर्ब, किसी भी समय बजते अलार्म, चोरी छुपे रूम में बिजली के हीटर पर बनते गरम-गरम नाश्ते...खाते-गाते और नहाते-नींद उड़ाने के नए-नए नुस्खे। वास्तव में मनुष्य सबसे अधिक एडजस्टेबल प्राणी है। मुझे था कि वृन्दा के बिना मैं नहीं रह सकूँगी पर...

10 मार्च

दो दिनों से वृन्दा मेस में भी न दिखी। आज शाम को गुजराती साहित्य परिषद् में नाट्यकार अर्न्स टोलर पर जसवंत ठाकर का व्याख्यान था। एक पल मन हुआ कि वृन्दा से कहूँ, किन्तु फिर 'ना' सुनने का साहस न हुआ।

जब-जब विदेशी लेखकों के जीवन के बारे में सुनती हूँ, तब-तब अपने लेखकों का जीवन एकदम फीका और स्थगित-सा लगता है !

अर्न्स टोलर। जन्म 1893 ई.। नौ वर्ष की उम्र में पहली कविता लिखी। प्रथम विश्वयुद्ध के बाद बर्लिन में कमांडर बना। बाद में क्रांति की ओर मुड़ा। जेल में था तब कोठरी में पड़े स्टूल के चारों ओर चादर लपेट कर बीच में बैठकर लिखता। 'मेन एंड मास' नामक नाटक दो दिन दो घंटे में लिखा था। तीसरे दिन जेल में से चोरी से बाहर भेजा। साहित्य की ओर लौटने के पीछे उसका एक विशिष्ट अनुभव था। एक बार उसकी टुकड़ी को एक गाँव खाली करवाकर कूच करने का आदेश मिला। सात बजे हुक्म मिला और साढ़े सात बजे गाँव खाली ! अन्तिम बचे आदमी के रूप में उसने गाँव को देखा। निर्जन गाँव, गलियाँ, घर। उसने लिखा है कि उन घरों में हमारा स्वागत करने या हमें धिक्कारने वाला कोई न था और फिर भी वहाँ घर के लोगों का एक अहसास था। हवा में मानव गन्ध थी। खुले किवाड़ की साँकल पर किसी की उँगलियों के निशान थे...स्पर्श की ऊष्मा थी।

ऐसे जीवन्त अनुभव को अभिव्यक्त करने के लिए वह साहित्य की ओर मुड़ा। हिंसा का विरोध, व्यक्ति के विकास को अवरुद्ध करती सत्ता का विरोध; सबसे बड़ा सच–मनुष्य तथा उसकी मनुष्यता।

12
मार्च

शीतयुद्ध के शस्त्र और प्रहार दीमक जैसे होते हैं। ऊपर से सब साबुत दिखे परन्तु भीतर...

पिछले कुछ दिनों से जब-जब मैं और वृन्दा किसी अन्य की उपस्थिति में मिलते हैं तब-तब मैत्री का नाटक करते हैं, परन्तु जैसे ही तीसरा पात्र खिसकता है कि पूरा नाटक हरहराकर भुस्स। पात्र से निकलकर अपने यथार्थ में आ जाते हैं और शुरू हो जाती है एक खामोश लड़ाई !

आज निश्चित हो गया कि वृन्दा सामान्य परिचय का भी व्यवहार नहीं रखना चाहती। उसे लगातार तीन दिनों से नहीं देखा तब उषा से पूछा तो मालूम पड़ा कि घर गई है। बुखार आ रहा था। दोपहर को उसके घर गई। थैंक गॉड, उसकी भाभी न थी। एक नाटक से तो बची। किन्तु फिर लगा कि होती तो अच्छा था। कारण, एक अपारदर्शी चेहरे की उपस्थिति लगातार अनुभव कर रही थी, क्षण-क्षण हवा में एक खामोशी चिनती जाती थी हमारे बीच...वह पुस्तक पढ़ती रही और मैं उसे...

क्या वह मेरे सामने कभी नहीं खुलेगी ? इस तरह अस्पष्टता में ही हम अलग हो जाएँगे ?

सोची थी, आज सामने से बात निकालूँगी। कहाँ से शुरू हुई यह उलझन ? साथ बैठकर सिरा खोज लेंगे। किन्तु उसे बात करने की जरूरत ही नहीं लगती तो फिर मुझे ? नहीं, मुझे अहम् छोड़ देना चाहिए। क्या मनुष्य का व्यक्तित्व जल की तरह प्रवाही और पारदर्शी नहीं हो सकता ? जैसा पात्र वैसा रूप और उसकी प्रवाहिता क्या निःसत्त्वता है ?

दो घंटे बैठी, किन्तु कुछ भी न बोली। मेरे शब्द ही चोरी हो गए !

ऐसा क्यों होता है कि कभी-कभी आप जो करना चाहते हैं उसके ठीक विपरीत कर बैठते है !

'पहुँचने की झंखना जहाँ वर्षों से की हो–
मन पहुँचते ही मुड़ पड़े कभी ऐसा भी हो।'

16 मार्च

'चरम नैकट्य के क्षणों से ही वियोग आरम्भ हो जाता है।' अज्ञेय सच कहते हैं।

वृन्दा को अलग रूम मिले महीना पूरा होने आया है। पूर्वकालीन निकटता की अपेक्षा दूरी का पलड़ा झुकता जा रहा है।

आज सलिल के पास से अनायास ही मानव-सम्बन्ध का एक रहस्य जानने को मिला।

सलिल ने विज्ञान का एक सामान्य नियम समझाया। वैसे तो वह विज्ञान का विद्यार्थी था, किन्तु बाद में साहित्य में भाग आया। इसीलिए कभी उसे मैं 'पलायनवादी' कह देती हूँ। उसने बताया कि शुरू में दो विपरीत परमाणुओं के बीच आकर्षण होता है, समय बीतने पर उनमें जो प्रभावशाली होता है वह दूसरे को अपने जैसा बना लेता है और फिर शुरू होता है दो समान परमाणुओं के बीच अपाकर्षण। और दोनों के बीच फिर अन्तर बढ़ता है, पुनः विपरीत परमाणुओं के बीच आकर्षण और अपाकर्षण...यह एक चक्र है जो चला करता है। यद्यपि निश्चित समय के बाद दोनों परमाणुओं के बीच एक दूरी स्थिर हो जाती है किन्तु तब तक उन्हें आकर्षण-अपाकर्षण के चक्र में टिके रहना चाहिए।

क्या मेरे और वृन्दा के बीच भी ?

17
मार्च

शुभांगी कल पिरोटन से लौटी और आज गई भावनगर। उसके पिता दूसरी शादी कर रहे हैं।

आज दोपहर से लगातार व्यग्र हूँ...मन करता है कि उड़कर पहुँच जाऊँ मम्मी के पास...उसका अतीत, उसका सूनापन सब ले लूँ और रख दूँ उसके सामने एक कोरा कागज ! यदि मैं न होती तो मम्मी को भी कोई साथी मिला होता न ! मात्र पाँच माह का गर्भ लेकर उसने पति का घर छोड़ा था। आज तक उसने कारण बताया नहीं, परन्तु जो कुछ भी होगा एकदम असह्य होगा; नहीं तो कोई स्त्री छोटी-सी बात पर घर नहीं छोड़ती। त्यक्ता का ताना मेरे कारण ही उसने सहा न ! नहीं तो नाना जी जैसे जागृत व्यक्ति उसे इस तरह अकेले रहने देते !

किन्तु क्या स्त्री के साथ बच्चे को स्वीकारनेवाला एक भी पुरुष उस समय नहीं रहा होगा। और पुरुष साठ वर्ष की उम्र में पच्चीस वर्ष की युवा पुत्री और दो शादीशुदा पुत्र होने पर भी शादी कर सकता है ! शुभांगी के पप्पा ने निवृत होने के बाद पुनः विवाह किया। तो क्या मम्मी का भविष्य आज से भी अधिक डरावना होगा ? मुझे अपने जन्म का प्रायश्चित करना ही होगा।

28
मार्च

युनिवर्सिटी परीक्षा का टाइमटेबल आ गया। वृन्दा की परीक्षा 25 अप्रैल से आरम्भ होगी। मैं तो उस समय नहीं हूँगी यहाँ। पहली अप्रैल से मम्मी की स्कूल मार्निंग हो जाएगी। महीने भर उसे गरमागरम खिलाकर वैकेशन का आनन्द लूँगी। (वृन्दा के विचारों से भी थोड़ी मुक्ति मिलेगी। मिलेगी ?) वृन्दा को परीक्षा के लिए मौन शुभेच्छाएँ...उसे वह सब कुछ मिले जो वह चाहती है...

कल सुबह गाइड को थीसिस के पहले प्रकरण का फाइनल ड्राफ्ट देकर दोपहर नवानगर के लिए निकलूँगी।

29 मार्च

एस. टी. बस जमालपुर चौराहा पहुँची और खेतीबाड़ी बाजार के टावर में आठ टकोरे बजे। सोचा, अभी नदी आएगी ! साबरमती के लिए ऐसा लगाव कि लाख जानने के बावजूद–यह नदी तो केवल नाम की है फिर भी मन है कि इसके पट में एकाध क्षीणकाय ही सही, प्रवाह की कल्पना कर लेता है...भले ही उसमें सरकस का तम्बू लगा हो या गुर्जरी लगती हो, कभी किसी गड्ढ़े में भरे गटर के पानी में जगन्नाथ मन्दिर के हाथियों के साथ नंगधड़ंग बच्चे नहा रहे हों या फिर श्मशानगृह के आसपास चकराते धुँए में लाश की गन्ध के साथ किनारे जलते कचरे की गन्ध मिल जाती हो, रेत ढोनेवाली ट्रकों की लीक पर गधे तेजी से दौड़ते हों या बीच-बीच में हरीकच्च साग की क्यारियाँ झलक जाती हों...

आपको नदी न दिखती हो फिर भी वह...मुझे नवानगर की उतावली नदी याद आ गई...पिछली बार होली पर आई तब कोज वे से गुजरते समय धूप खाते कछुए की चमकती पीठ और उत्सुक ऊँची गरदन देख खुश होते ही विचार आया कि कहीं यह सूरज के नीचे उतरने की राह तो नहीं देख रहा है ? उसकी यह उत्सुकता मुझे वृन्दा की ओर खींच ले गई। पूरे रास्ते मंद स्वर में कोई गा रहा था, मेरे अन्दर। मैंने सोचा कि यह सम्बन्ध हमारे अस्तित्व को समृद्ध करेगा, किन्तु आज ? नहीं, मुझे इस मानसिकता से मुक्त होना ही पड़ेगा। नहीं तो मम्मी के एकमात्र सपने का क्या होगा ? चौथी कक्षा में थी तब से वह मुझे डॉक्टर मीरा कहती हैं ! कोई अपेक्षा नहीं रखती वह मुझसे। और सब बाद में। पहले पढ़ाई, बस। उसके द्वारा दिए गए अवसरों का यदि मुझे हिसाब देना पड़े तो ?

10 अप्रैल

आखिरकार कल जाकर मेल बैठा। शुभांगी के पप्पा के विवाह की बात जब से सुनी हूँ तभी से किसी से यह बात बता के मैं मुक्त होना चाहती थी। अन्त में मम्मी से पूरी बात की।

मम्मी बोली, 'पगली, हर व्यक्ति के अकेलेपन का प्रश्न एक जैसा नहीं होता। सम्भव है, शुभांगी के पप्पा को जनरल मैनेजर जैसे जवाबदेही वाली पोस्ट के कारण नौकरी के अलावा और कुछ सोचने का समय ही न मिला हो ! साथ ही पहली पत्नी के अवसान के समय बच्चे भी अपने पैरों पर खड़े हो चुके थे। निवृत्ति के बाद घर की कोई खास जिम्मेदारी भी अब नहीं बची। बहुत स्वाभाविक है, उनका यह आचरण...रही मेरी बात वैसे भी जीने के लिए स्त्रियाँ कैसे भी बहाने ढूँढ़ लेना जानती हैं। और मैंने तो पहले से ही सोच रखा है कि जैसे ही तू अपने मनपसन्द जीवन में लग जाएगी, मैं स्वैच्छिक निवृत्ति लेकर गाँव में जा कर बालमन्दिर खोलूँगी। फिर तो मैं और मेरे नन्हे-मुन्ने...

तो क्या जीवन में विवाह अनिवार्य नहीं है ? और सेक्स ?

12
अप्रैल

एक अनुभव की छाया दूसरे पर फैलती है। मम्मी के पेट पर हाथ रखकर सोना मेरे लिए नया नहीं है, पर अब ?

आज दोपहरी में भोजन करके मम्मी झूले पर लेटे-लेटे झूल रही थी। उसने एक तरकीब खोजी है। सामने की दीवार पर कील गाड़कर रस्सी का एक सिरा बाँध देती है, दूसरा सिरा झूले पर हाथ में। रसोईघर की सफाई करके मैं भी उनके पास सोई। बड़ी मुश्किल से किसी तरह अँटे। जैसे ही मम्मी के पेट पर हाथ रखा कि वृन्दा याद आ गई। एक झटके से उठकर खड़ी हो गई...क्या वृन्दा को भी ऐसा ही होता होगा ?

14 अप्रैल

वर्षों की इच्छा आज पूरी हुई। मम्मी के पास कमर के थोड़ा ऊपर खुले रखे जा सकें इस तरह बाल कटवाए। देखते ही नौकरानी मोती बहिन बोली : 'कइसन सुन्दर सुरसती जइसन चोटी रहल...सच्ची माई ! न हौ ऊ बढ़ावै बदे केतनी कोसिस करलीन आऊर जेकर हौ ऊ बेबी जइसन कटा लेनी !'

25 अप्रैल

आज शाक मार्केट में कालिन्दी मिल गई। लगा कि अभी वृन्दा के बारे में पूछेगी। परन्तु देखते ही लगा कि सांसारिक जंजाल में पूरी तरह से उलझी हुई है। एक बच्ची ढाई-तीन बरस की उँगली थामे और दूसरे की प्रतीक्षा। एकदम फूहड़-सी। हम दसवीं तक साथ-साथ पढ़े। मुझे याद है, वह हमेशा अपटुडेट रहती थी। गुरुवार को फ्री ड्रेस के दिन चूड़ी, बुन्दे, बिन्दी और फूल तक मैंचिग ! मुम्बई में कौन-सी फैशन चल रही है, यह जानना हो तो कालिन्दी से मिलिए। लवमैरिज किया। फिलहाल उसके पति का तबादला भुज में हुआ है। मैंने जरा मज़ाक में कहा, 'क्यों विरहिणी मजे में ?' जवाब में बोली, ' अब क्या, दो बच्चे तो हो गए।'

यानी, क्या मातृत्व स्त्री-पुरुष के सख्य की समाप्ति...? मुझे याद आई 'नदी के द्वीप' की रेखा...भुवन और प्रेम की सार्थकता अनुभव करती...भुवन...आई एम फुल फिल्ड...' 'अब तो और भी...'

सच्चा कौन–रेखा या कालिन्दी ?

12 मई

पिछले दो दिन से गर्मी बढ़ती जा रही है। यहाँ दिन तपता है लेकिन रात आह्लादक लगती है। कल रात मम्मी के साथ कम्पाउंड में सोई, किन्तु पूरी रात टुकड़े-टुकड़े नींद आई।

हमेशा रूम में सोने की आदत। होस्टल में कभी छत का शिरीष पुकारता, किन्तु थोड़ी देर लेटने के बाद फिर रूम में चली आती। खुले में एकदम निराधार हो जाती है मेरी नींद। रोड लाइट, दौड़ते वाहन, चौकीदार का डंडा या बाहर सोये लोगों की खुस-फुस लगातार कोंचते रहते हैं मेरी नींद को।

यहाँ भी बाहर न जमा। खुली गटर के कारण यहाँ स्थायी तौर पर मच्छरों का त्रास रहता है। कंपाउंड में मच्छरदानी लगाकर सोई। हवा के कारण मच्छरदानी हिलती-डुलती रही। करवट बदलते-बदलते आँखें लग गईं।

लगा, समुद्र शैया पर हूँ...चारों ओर फहराते श्वेत रेशमी वस्त्र का विस्तार...ऊपर हल्की गुलाबी मच्छरदानी...चन्द्रमा का उजाला हौले-हौले डोलता रहा...मेरे हाथ समुद्र की लहरियों को सहला रहे थे...एकाएक लहर का एक तेज झोंका आया...मैं एक घूँट में ही पी गई...पीते ही झड़ने लगीं, एक के बाद एक मेरी दीवारें...खूँटी से छूट गए मेरे झरने...पीछा करते हुए मैं पहुँच गई एक पहाड़ी पर...चोटी पर चढ़कर नीचे देखने पर आँखों में अन्धकार छा गया...और फिसल गया मेरा पैर...ए...ए...और मैं बिस्तर पर उठ बैठी।

20 मई

आज रुचि का पत्र मिला। अहिन्दी भाषी नवलेखक शिविर 5 जून से अहमदाबाद में ही होनेवाला है। मूड एकदम आउट हो गया। सोची थी, कहीं बाहर जाने को मिलेगा...मम्मी ने एक प्रस्ताव रखा। 'दो वर्ष से अम्बाजी जाने की इच्छा है, यदि तुझे अनुकूल हो तो दो दिन में हो आएँ।' मन भी कैसा है ? अब एकाएक कहीं जाना नहीं चाहता। मैं मन से भी दूर कहीं गहराई में छिप जाना चाहती हूँ कहीं...

26 मई

अन्ततः मन की हार हुई। ईडर के पास से गुजरते हुए उमाशंकर की कविता याद आई :

भीषण भीमकाय नग्नता
खोखल भरा मौन
चट्टानों से जूझता अकेलापन
पीठ पर आँधी-पानी की खरोंचे बाघ-लकड़बग्घों की...

किन्तु यह कविता ही क्यों याद आई ?

कल शाम को चार बजे पहुँचे अंबाजी। एक और वैकेशन और गुजरात के लिए सुलभ आबू-अंबाजी। पास में परिचित का पत्र था अतः 'रेवा-प्रभु सदन' में रूम मिल गया।

दूर क्षितिज को अवरोधती, सपाट चेहरा लिए खड़ी पहाड़ियों के साथ कांट्रास्ट रचता गेस्ट हाउस का हराभरा बागीचा...कितने आकारों और रंगों के मिश्रण से शोभित पत्ते...मानो किसी आर्ट गैलरी की पेनल। वृन्दा होती तो कार्ड बनाने के लिए अवश्य तोड़ लेती। रूम के पिछवाड़े सुगन्ध से लदी-झुकी मालती और जूही की लता...मुझे मेरा शिरीष याद आ गया...

मम्मी बहुत खुश है, रूम के दरवाजे पर खड़े-खड़े शाम को गब्बर के दीये का दर्शन किया। हालाँकि मम्मी पहले से ही पूजा-पाठ ज्यादा नहीं मानती किन्तु ईश्वर पर और विशेष रूप में माताजी पर उनकी दृढ़ आस्था है। शायद इसी ने उन्हें टिका रखा है। मुझे लगता है, कोई न कोई आधार चाहिए—मनुष्य का या भगवान का...किन्तु हमारी पीढ़ी तो दोनों को खोती जा रही है...

27
मई

आज मम्मी ने पूछा, "चल, आबू जाना है ? बेसाख्ता मेरे मुँह से 'ना' निकल पड़ी ! दो दिन से कोशिश कर रही थी कि मम्मी को कहीं ऐसा न लगे कि मैं केवल उसका मन रखने ही आई हूँ। पर आज मुखौटा फसक गया। मम्मी इतना ही बोली, "ठीक है, कल सुबह हम निकल जाएँ, तू अहमदाबाद और मैं घर।

मम्मी जानती है कि मैं उदास हूँ। लेकिन कुछ पूछती नहीं है। अच्छा है, नहीं तो मैं क्या कहती ? एकाध बार पूछा था, 'वृदा शिविर में आनेवाली है ?' मेरी 'ना' सुनकर आगे कुछ नहीं पूछी।

मम्मी सुबह-शाम मन्दिर जाती है, मैं केवल शाम को। बाजार की अपेक्षा आसपास घूमने में ज्यादा मजा आता है।

सुबह जल्दी दाँता रोड तरफ घूमने गई। ढालू रास्ता, आसपास की पहाड़ियों पर इक्के-दुक्के घर, खेत; सामने मिले लकड़ी, शाकभाजी, दूध बेचने आते लोग और सुबह की नरम धूप। मन हलका हो गया। ढाल चढ़ रही थी कि सामने से गायों का झुंड चढ़ आया। पहले एकसाथ ढेर सारे पैर, घुटने पर काले-काले धब्बे, दो कदमों के बीच बज उठती गले की घंटियाँ, दाएँ-बाएँ झूमते सिर, पलकें झपकाती, पानी टपकाती एकदम काली आँखें और झुकी हुई सींगें...। लिखते समय मानो पूरा दृश्य स्लोमोशन में मेरी नजरों के सामने नाच उठा...थोड़ा खिसककर तेजी से चलती हुई झुंड के पीछे ढाल पर चढ़ गई...ढाल पर लुढ़कती गायें, मानो मेरे आँचल में से बिखरे ज्वार के दाने।

30 मई

होस्टल आई तब दो-दो खबरें मेरी हिम्मत की कसौटी करने की राह देख रही थीं। गेट के पास रिक्शे से उतरते ही देखा, होस्टल के चारों ओर दीवार बनाई जा रही है, और हमारा (?) शिरीष कटकर नीचे गिरा पड़ा है...।

रूम पर आई तो शुभांगी ने पानी के गिलास के साथ समाचार दिया कि वृन्दा मुम्बई गई। और कोई डॉ. अजीत, डायवोर्सी हैं उनके साथ शादी लगभग आगामी पन्द्रह तारीख को तय है।

जानती हूँ, मुझे खुश होना चाहिए। वृन्दा को योग्य साथी मिल जाए इससे अच्छा और क्या ! क्या मुझे उसके अक्षर भी देखने को नहीं मिलेंगे ? इच्छा होती है, मन भर रो लूँ, बहा दूँ गँठा गईं सभी भावनाएँ ! पर आँसू हैं या निर्जल बादल, न तो बरसते हैं, न धूप ही खिलती है !

जब शिरीष जैसे शिरीष ने साथ छोड़ दिया। फिर...

1 जून

मन करता है, वापिस चली जाऊँ नवानगर। नहीं लेना भाग शिविर में। एक तो सतत् दुःखता मन और ऊपर से खाली होस्टल। वैकेशन में होस्टल पतझर के किसी पेड़-सा लगे। नीचे के सभी डबल सीटेड रूम खाली करके चली गई हैं लड़कियाँ, बची हैं मेरे जैसी दस-बारह रिसर्च वाली ! इन दिनों सभी मेसें भी बन्द।

गर्मियों के लम्बे-लम्बे उबाऊ दिन...बैशाख की लू खाली लॉबी में रहती...भागती-भटकती टकराती रहती हैं कहीं खुली रह गई किबाड़ें...छत पर बैठे कबूतर की तरह राखिया दोपहर के सामने बगीचे के दो-चार हरे पेड़ कितने निरीह लगते हैं !...चारों ओर सूखा और बदरंग...पूरा वातावरण लगातार चरचराता रहे मन में...

2 जून

आज तो रुचि ने खिलाया, खास मेरे और सलिल के लिए लंच बॉक्स ले आई थी। पंजाबी आलू पराठा, टू इन वन ! एक पराठा केटलीवाले कनुभाई ने भी चखा। आजकल यहाँ भी वैकेशन है, ऊपर से गर्मी। लोग गन्ने का रस अधिक पसन्द करते हैं। हाँ, हमारे जैसे व्यसनियों को छोड़कर। पर आज चाय में मजा न आया। देवी नहीं था। हमेशा की तरह भाग गया है। हर पहली तारीख को तनख्वाह मिलते ही भाई सप्ताह भर के लिए अदृश्य हो जाता है। एक दिन में चार शो के हिसाब से फिल्में...होटल। फिर जेब खाली हो जाते ही वापस। कनुभाई के हाथ की प्रसादी चखकर चढ़ जाता काम पर ! हमें भी देवी के सलाम बिना चाय जमती नहीं।

4 जून

रेडियो में गालिब कह रहे हैं :

वह फिराक और वह विशाल कहाँ
वह शब-ओ-रोज ओ-माह-ओ साल कहाँ

केवल पीड़ा को तो रोकर भी हलका किया जा सकता है, किन्तु साथ में अपमान और अस्वीकार का डंक भी हो तो ! कामानी साहब नहीं थे तो वृन्दा ने मुझे स्वीकार किया, और जब डॉक्टर अजीत मिले तो... ? तो क्या मैं उसके लिए केवल वैकल्पिक अस्तित्व थी ? यदि ऐसा है तो मेरा मन क्यों उसके पीछे भागता है ? क्या मैं भी उसे किसी के अभाव में स्वीकार करती हूँ ?

5 जून

आज शिविर का पहला दिन। लगभग पन्द्रह शिविरार्थी हैं, देश के विभिन्न प्रान्तों से आए हुए। युनिवर्सिटी के कुलपति के हाथों दोपहर तीन बजे उद्‌घाटन हुआ। उनका वर्षों का पुराना एक डायलॉग—'भारत अलग-अलग भाषाओं का गुलदस्ता है...सरस्वती का मन्दिर...सारस्वतों का सान्निध्य...वगैरह, वगैरह...' जब भी हमारे भाषा-भवन में कार्यक्रम होता है कुलपति जी को कविता का शौक चर्राता है...मेरी बगल में बैठा सलिल उनका भाषण उनके बोलने से पहले लिखता जा रहा था। रुचि बड़ी मुश्किल से गम्भीर रह सकी।

उद्‌घाटन के सनातन कर्मकांड के बाद परिचय विधि हुई। तीन रचनाकार मार्गदर्शक के रूप में आए हैं। कवि श्री उजास अगस्त्य के अलावा डॉ. कुसुमबाला और डॉ. रामाश्रय तिवारी का नाम तो पहली बार ही सुना।

शिविरार्थियों की परिचय विधि में मजा आया। खासकर केरल के एक विद्यार्थी का परिचय तो शायद जीवनभर न भुलाया जा सके। एक तो उसकी दक्षिण भारतीय हिन्दी और उच्चारण की विशिष्ट शैली, मानो लय में गा रहा हो।

'मैं चाको...केरला...से आ...या..., ठी...वाय...बी.ए...में पढ़ता... एक हैं हेमा देसाई। प्रौढ़। मद्रास में हिन्दी प्रचार समिति का काम करती हैं। साक्षात् लेखक आत्मा जैसे मुम्बईवासी हिमांशु राय। कहीं दूर... क्षितिज को ताकती आँखें, उड़ती जुल्फें; नाटक लिखते हैं। तेजवीर सिंह, चंडीगढ़ युनिवर्सिटी में रिसर्च कर रहे हैं, विषय है—छायावादी काव्य का सौन्दर्यशास्त्र। एक तो जाट ऊपर से सौन्दर्यशास्त्र ! ऐसा न भी हो पर व्यवहार से एकदम रुक्ष लगता है। शिविरवीरों की एक जुगल जोड़ी है— दामोदर खड़से और कैलाश सेंगर। शिविरों के अनुभव और लेखन में

दोनों सीनियर हैं। उनकी रचनाएँ प्रकाशित भी हो चुकी हैं। बर्दवान से आई है—पूर्वा बनर्जी। किसी भी बंगाली लड़की को देखकर मन न जाने क्यों उसमें रवीन्द्रनाथ और शरत् के नारी पात्र ढूँढ़ने लगता है...सामान्य रूप रंग पर उसके श्यामरंग में एक विशिष्ट चमक है। रवीन्द्र संगीत सुनने को मिलेगा।

शाम को तरुण ने पूछा, 'वृन्दा के पेपर कैसे हुए ?' क्या कहूँ ?

6
जून

आज सभी शिविरार्थियों को तीन ग्रुप में बाँट दिया गया। कविता, कहानी-उपन्यास और नाटक।

नाटकवाले ग्रुप की मार्गदर्शक हैं—डॉ. कुसुमबाला। किसी भी क्षण हीरोइन के पात्र के लिए तैयार; वेशभूषा, शृंगार और हाव-भाव तीनों में। पहली बार लगा गोरा रंग हमेशा सुन्दर नहीं लगता। चटक लाल लिपिस्टिक, कान में चूड़ी जितनी बड़ी बालियाँ, कन्धे तक कटे एकदम काले (!) केश; बार-बार उड़ती लट को सँवारने उठते हाथों में बजती रंग-बिरंगी ढेर सारी चूड़ियाँ और अमेरिकन जार्जेट साड़ी में मुखर स्थूल काया। पर मानना पड़ेगा, एक कविता लिखवा ही ली उन्होंने मुझसे !

उम्र को
दाँतों से पकड़ती हुई
औरतें
लड़खड़ाते कदमों से
भाग रही हैं
वक्त के पीछे।
उनके सारे बनाव-सिंगार को
डकार लेती है
उनकी हड़बड़ी !
ढलती देह के
मुसड़े हुए कोनों में
और
आँखों के नीचे के
अँधेरों में
गुड़ीमुड़ी होकर

पड़ा है बीता समय !
काश कि
रंगों की उनकी प्यास
उनकी इत्मिनान की
साँस में होती !!

दूसरे हैं डॉ. रामाश्रय तिवारी, सब बन्दरगाह के व्यापारी। कहानी-उपन्यास का ग्रुप सँभालेंगे। वक्ता के रूप में बहुत पॉपुलर लगे। उनके पास कुछ नुस्खे हैं पब्लिक को पकड़ रखने के। अधिकांश शिविरार्थी उनके ग्रुप में हैं।

कविता में, मार्क्सवादी कवि उजास अगस्त्य मार्गदर्शन देंगे। पत्रिकाओं में उनकी कविताएँ पढ़ी हैं। एकदम अलग व्यक्तित्व, काफी गम्भीर भी। ऊँचा कद, ध्यानाकर्षक बड़ी कंजी आँखें, काले फ्रेम का मोटे काँच का चश्मा और कवि मार्का दाढ़ी तो है ही। फ्रीलांसिंग करते हैं। एक-दो काव्य संग्रह छपे हैं। एक पढ़ने के लिए लाई हूँ–'आक्रोश का अलाव'। फ्लैप पर लिखा है : 'क्रांतिकारी कवि अगस्त्य उजास दीक्षित वामपन्थी हैं; उनकी कविता में आक्रोश है पर अलाव का, जो बड़े मध्यम स्वर में हमारी रगों के भीतर पहुँचता है और एक क्षण आता है कि आप खड़े हो जाते हैं शोषण के खिलाफ, अपने खून को आग में बदलते हुए।'

किन्तु कविता लिखना और लिखना सिखाना दो भिन्न बातें हैं।

कल से शिविर का टाइम टेबल मिल गया है। प्रातः 9 से 12 बजे तक सभी अपने-अपने ग्रुप में लेखन-अभ्यास करें। दोपहर 3 से 6 व्याख्यान और प्रश्नोत्तर। हमारे ग्रुप में चार छात्र हैं। आज सबेरे सबने दो-दो कविताएँ पढ़ीं। कैलास सेंगर ने टिपिकल हिन्दी कवि सम्मेलनी तरन्नुम में एक सुन्दर गीत गाया–

जीवन के कागज से अनचाहे टाँक गई
साँस आलपीन हो गई...

किसी भी नवोदित की रचना के बारे में बहुत सँभलकर बोलना पड़े। निरी नकारात्मकता कवि के समस्त उत्साह को मार डालेगी तथा अत्यधिक प्रशंसा उसे झूठे भ्रम में डाल देगी। हालाँकि उजास बड़ी

चालाकी से कमजोर रचना के विषय में बोलना टाल जाते हैं।

दोपहर बाद बिरवा के गाइड और स्कूल ऑव लेंग्वेजीज के डायरेक्टर यू.आर. अनन्तमूर्ति का व्याख्यान था। उन्होंने एक बहुत सुन्दर बात कही, 'आज भारतीय लेखक के सम्मुख दोहरा संकट है। भारतीय प्रजा एक साथ ही आधुनिक काल और मध्ययुग में जी रही है। युनिवर्सिटी में आधुनिक ज्ञान-विज्ञान का अध्ययन करते युवक को दादीजी द्वारा पसन्द की गई युवती के साथ शादी करनी पड़ती है। सभी अन्य विकासों की तुलना में हमारे समाज का पारिवारिक ढाँचा बहुत धीमी गति से बदल रहा है। एक साथ दो सदी में (बैलगाड़ी और विमान) जी रहे युवक के मानसिक और सामाजिक संघर्ष आज के लेखक के लिए अत्यधिक लुभावने तथा चैलेंजिंग हैं।'

7
जून

शिविर में हाजिरी दोपहर के सेशन में खासतौर पर नोट की जाती है। भरपूर श्रोता दिखने चाहिए। बाकी समय तो रामराज्य। आज हमारे ग्रुप में चार में से दो ही हाजिर थे। टाइम पास करने उजास की 'पतझड़' कविता सुनी। कुछ पंक्तियाँ याद रह गई हैं...

अपने असबाब के अहसास को
टटोलती चिड़िया के लिए
यह बहुत बड़ी तसल्ली है
कि
पतझड़ के पास कुल्हाड़ी नहीं...

आजकल हिन्दी कविता में कुछ वामपंथी प्रतीक बार-बार दिखाई पड़ते हैं। बन्दूक, बारूद, भेड़िया, सुअर, जंगल, पतझड़ आदि सत्ता के प्रतीक और शोषित मानवता के प्रतीक रूप में—रोटी, चिड़िया, बच्चा और ऐसे ही दूसरे बहुत से शब्द।

उजास में भी ये दिखलाई देते हैं।

मुझे कई बार ऐसा लगा है कि जब लेखक अपनी रचना-प्रक्रिया के बारे में बोलते हैं तब लगभग अर्धसत्य ही कहते हैं और कभी-कभी तो असत्य भी !

आज उजास दोपहर के व्याख्यान में अपनी रचना-प्रक्रिया पर बोले। मुझे होमर का प्रेरणा-सिद्धान्त याद आया। यहाँ अन्तर केवल इतना था कि वहाँ कोई दैवी प्रेरणा थी, यहाँ कार्ल मार्क्स के सिद्धान्त थे। क्या कवि की संवेदना हमेशा विचार के धक्के से ही जगती है ? कभी कुछ अचानक, अनायास, पहली वर्षा के बाद उगती घास की तरह फूटता ही नहीं होगा ?

8 जून

आज सुबह एक कविता लिखी गई :

आऊँगी मैं

आऊँगी मैं
ठीक वक्त पर
आऊँगी मैं।
जैसे सिंकती हुई रोटी में गन्ध।
जैसे बिकती हुई सब्जी में रंग॥
आऊँगी मैं

आऊँगी मैं,
जैसे औरत की कोख में आता है बीज।
जैस जीवन लौटाते हैं त्योहार औ' तीज॥
आऊँगी मैं

आऊँगी मैं,
अतिप्रतिक्षित पत्र-सी।
बाँहों-वक्षों के छत्र-सी॥
आऊँगी मैं।

कई बार व्यक्ति के बाह्य रूप के आधार से हम उसके साथ अन्याय कर बैठते हैं। आज डॉ. कुसुमबाला अपनी रचना-प्रक्रिया के विषय में बोलीं। शौक के लिए पढ़ा, शौक के लिए नौकरी की और शौकिया ही लिखती भी हैं। यदि केवल समय गुजारने का सवाल हो तो दूसरे बहुत-से काम किये जा सकते हैं...

शाम को गेस्ट हाउस में भोजन के लिए जाते समय रास्ते में मैंने उजास के सामने यह मुद्दा रखा तब जाकर असल बात का कुछ अन्दाजा लगा। प्रतिष्ठित उद्योगपति की निःसन्तान पत्नी का मूल प्रश्न है—टिके रहना। यदि वह लिखती न होती तो शायद अब तक आत्महत्या कर ली होती !!

यदि चेहरे के पीछे छुपी असलियत को हम जान सकते तो सम्भव है बहुतों को धिक्कारते, किन्तु बहुतों को चाह भी सकते...

9
जून

क्या वह केवल मेरी सहानुभूति पाने का प्रयत्न होगा ? उजास ऐसी छिछोरी हरकत करे ? या फिर मुझसे बात करके उन्हें सचमुच एक आश्वस्ति प्राप्त हुई होगी ?

सबेरे के सेशन की आज छुट्टी थी। उजास अस्वस्थ थे। दोपहर के सेशन में तिवारी जी ने कहर ढाया। उन्हें केवल इतना ही पता था कि श्रोता हँस रहे थे। बाकी विषय की ऐसी की तैसी ! सहन न होने से बीच में से उठ गई...

होस्टल लौटते समय सोचा, चलो युनिवर्सिटी गेस्ट हाउस में जाकर उजास का हाल पूछती चलूँ। देखा तो वे बाहर गार्डन में बैठे, मुँह में पाइप के साथ मैगजीन पढ़ रहे थे। पास में दो इजी चेयर पड़ी थीं और सामने टेबल पर चाय की ट्रे। नमस्ते करके पूछा :

'कोई आया था ?

'नहीं, पर आनेवाला था।' फिर धीरे से जोड़ दिया।

'तुम !'

मेरे चेहरे पर ही दुविधा देखकर पुनः बोले :

'अच्छा, तो तुम होस्टल में रहती हो। अच्छा लगता है ?'

'अच्छा तो नहीं लगता, पर आदत पड़ गई है। आप कभी घर से दूर रहे हैं ?'

क्षण भर रुककर बोले : 'हम तो बेघर हैं ! आई डोंट हैव अ होम !' उनकी आवाज थोड़ी भारी हो गई थी। 'सॉरी' के अलावा क्या कहूँ ! लगभग पाँचेक मिनट के मौन को उन्होंने ही तोड़ा।

'घरवालों की मरजी के खिलाफ शादी की थी। दो साल पहले पत्नी की मृत्यु हो गई। एक बच्ची है, पाँच साल की। पंचगनी में पढ़ती है !'

जिसके प्रति हमारे मन में थोड़ा भी आदर हो उसे आश्वासन कैसे दिया जाए ? कुछ भी न बोल सकी।

थैंक गॉड ! बेयरे ने चाय लाकर जम गए समय को जरा खिसकाया।

चश्मा उतारकर आँख पोछते हुए बोले :

'छोड़ो यार ! चलो चाय पीएँ।'

उसके बाद घंटे भर अपनी कविताएँ सुनाईं। कुछ मेरी आवाज में सुनी। फिर भी वातावरण में व्याप्त उदासी के बादल न छँटे। उठते समय शेक हैंड के लिए हाथ बढ़ाते हुए बोले :

'शुक्रिया, तुमसे मिलकर बड़ा सुकून मिला।'

थोड़ी देर बाद मुझे लगा मेरा हाथ जरा दबा था...शायद यह मेरा वहम भी हो...

वो अक्स बनके मेरे चश्म-ए-तर में रहता है,
अजीब शख़्स है पानी के घर में रहता है।

10
जून

आज जो अनुभव हुआ उसे लिखते डर लगता है। सुबह गई तब कोरे बाल खुले रखकर गई थी। पहुँची तब रोज की तरह क्लॉस में मैं ही पहली थी। चॉक स्टिक लेकर बोर्ड पर लिखने लगी...अनायास...'वो अक्स बनके मेरे...'

तभी पीछे से तालियाँ और दुबारा, दुबारा। पीछे मुड़कर देखा तो सामने उजास। सकुचाकर बेंच पर जाकर बैठ गई। उजास ने मेरे पास आकर, झुककर धीरे से पूछा :

'तुमने अशोक का पेड़ देखा है ?'

मैंने गरदन हिलाकर मना किया।

'अमलतास का ?'

खिड़की से बाहर ताकते हुए बोली, 'हाँ।'

'तपती दोपहर में रोशन फानूस की तरह झूलते-डोलते लहराते अमलतास के फूल...तुम लोग गुजराती में उसे क्या कहते हो ? झुम्मर ? इस शब्द की ध्वनि में ही झूमने का अहसास है...हाँ, बस वही, इस समय तुम्हारे बाल ठीक वैसे ही लग रहे हैं।'

एकदम जैसे जड़ दी गई बेंच से और साँस ऊपर। एक क्षण तो कुछ भी न सूझा। ऐसा नहीं है कि इससे पहले अपने बालों की प्रशंसा नहीं सुनी थी मैंने। किन्तु उनकी आवाज़ ! एकदम मद्धम, गहरी, भरी हुई, अन्दर तक हचमचा देती...

पूरे दिन मैं उनके साथ आँखें न मिला सकी।

11 जून

सोलहवीं को द्वारका प्रवास का आयोजन हो रहा है। हालाँकि इन स्थानों के प्रति हमें बहुत मोह न हो किन्तु गुजरात में पहली बार आनेवालों के लिए विशेष महत्त्व होता है इनका। मैंने उजास से कहा, 'आप तो मार्क्सवादी हैं न, यात्रा करने जाएँगे ?' उन्होंने कहा, 'एक बात तो स्पष्ट है समुद्र का कोई वाद नहीं होता है। क्यों ठीक है न मैडम ? और दूसरा यह कि मैं केवल सोमनाथ नहीं जाऊँगा। (शायद कृष्ण का सामन्तीय रूप उन्हें स्वीकार न हो !) और देखूँगा कि धर्म और शोषण किस हद तक बढ़ते हैं और आगे चलकर कैसी बरबादी बुलाते हैं।'

उजास का सान्निध्य, उनकी बातें, उनकी कविता अच्छी लगती है। शायद मैं उनकी ओर झुक रही हूँ...

12 जून

इस समय रात के बारह बजे हैं। एकदम विस्मय के साथ आँख खुली है। सपने में सुपरवुमन के पात्र में थी मैं।

किसी शहर का रास्ता पार करके एक विशाल खुले मैदान में आकर खड़ी हूँ। चारों ओर पीले फूलों का सागर लहरा रहा है। अचानक मेरे हाथ फैलते हैं। अररर कहते ऊपर उठी जा रही हूँ और लगती हूँ उड़ने दूर...दूर...हवा में हाथ के पतवार चलाती; परन्तु कहीं नीला आकाश दिखाई नहीं पड़ रहा, सिवाय बसन्ती आभावाले अवकाश के। उड़ती-उड़ती मैं लैंड करती हूँ, वह जगह 'ग्लाइडर्स क्लब' है। वहाँ दो व्यक्ति पीठ फेरकर खड़े हैं। मैं जल्दबाजी में पूछती हूँ, 'मुझे उड़ना सिखाएँगे ?' उनमें से एक मेरी ओर घूमकर पूछता है, 'तुम्हारे पास उड़ने की कॉश्ट्यूम है ?' उसका चेहरा देखते ही मैं चौंक उठती हूँ...

उजास...और इस तरह मेरे सपने में ?...

समझ में नहीं आ रहा मुझे हुआ क्या है ?

दोपहर मेस में आकस्मिक रूप से उजास की बगल में बैठी, किन्तु कुर्सी पर बैठते ही कुछ घटित हुआ मेरे अन्दर। अचानक अनुभव किया कि मैं निरी स्त्री हूँ।

13
जून

किसी तरह आज का दिन बीता। सुबह डिपार्टमेन्ट गई तो रुचि ने समाचार दिया कि आज वृन्दा-अजीत की शादी है। कल रात फोन आया था। सब अचानक ही तय हुआ।

एक भी सेशन अटेंड किए बिना रूम पर चली आई। मुझे खूब खुश होना था, परन्तु सतत् एक ठंडी उदासी मुझे घेरती जाती थी। नहीं, आज का दिन मातम मनाने का नहीं है। कम से कम वृन्दा को तो एक दिशा मिली...

अन्त में शाम को रूम से बाहर निकली। अम्बाजी से मम्मी द्वारा खरीदी हुई साड़ी पहनकर। वृन्दा के लिए भी मम्मी ने लिया है, परन्तु उसका आसमानी लहरिया...

पहली बार लगा कि रंगों के होठ भी सिल जाते हैं। स्टैंड पर आई तो हुआ, कहाँ जाऊँ ? साबरमती ? हिम्मत न हुई; पीछे मुड़कर देखने की। दुविधा में थी तभी एक बस पास में आकर रुकी। चढ़ने पर देखा तो 90/2 थी। साबरमती आश्रम उतरी। डरते हुए एक चक्कर लगाया मानो कोई अपरिचित क्षेत्र हो और कोई लगातार मेरा पीछा कर रहा हो। घाट के पास का पानी सूख गया था। घोंसले में लौटे पक्षियों की आवाज सिर पर चक्कर मारती घूम रही थी, सहन न होने पर बस में चढ़ गई।

मानो सभी मुझे चारों ओर से दबा रहे थे। हर क्षण मन करता था कि उतर जाऊँ...और उतर गई नेहरू ब्रिज क्रासिंग के पास। पीठ पर से कंडक्टर की भिनभिनाती गालियों को उड़ाती हुई। मैंने सामने फुटपाथ पर ब्रिजकार्नर के पास वाडीलाल आइसक्रीम का बोर्ड देखा, लगा : वृन्दा के विचार से एक ओर वाडीलाल और दूसरी ओर बाकी सभी आइसक्रीम ! उसका अत्यन्त प्रिय-बटरस्कॉच खाते हुए सोच रही

थी, वास्तव में मुझे किस बात का दुःख है ? वृन्दा की शादी का ? या फिर मुझे न बताने का ? वृन्दा के अभाव का या वृन्दा को मेरी जरूरत नहीं है, इसका ? मुझे लगता है कि मेरे अहम् को ठेस का यह शाहीदाना अन्दाज है।

लाल दरवाजा की ओर चलते हुए पुल के कोने पर बैठी गजरेवाली से दो गुलाब खरीदे और नदी के बीच में बहती एकमात्र पतली धारा को समर्पित कर दिया। शायद साबरमती मेरी इस भेंट को वृन्दा और अजीत को पहुँचा दे...

14
जून

'एनी आँख माँ कोण्या'ता बे कसुंबल सूरज
ने मारी देइ सोना वाटकडी...'

सुबह मिलते ही उजास ने पूछा, 'कल कहाँ थी', यानी उन्होंने मेरी अनुपस्थिति नोट की। दोपहर की चाय के समय उन्होंने अपनी प्लेट में से एक बिस्किट निकाल कर मेरी प्लेट में रखा, फिर आँखें स्थिर कर धीरे से पूछा, 'इसका मतलब पता है ?' थोड़ा संकोच, थोड़ी खीझ... उठकर पूर्वा के साथ बात करने लगी...शायद सबकी उपस्थिति के कारण अच्छा न लगा हो...किन्तु इस क्षण यह याद करते...लगता है मानो कोई मेरे बालों में धीरे-धीरे उँगलियाँ फेर रहा हो !

कल शापिंग के लिए छुट्टी है। आज दोपहर बाद अहमदाबाद दर्शन का कार्यक्रम था। इच्छा थी पर न गई। परन्तु पूरी शाम रूम पर थी, चैन न पड़ा। हमेशा लगा करता था दौड़ जाऊँ उजास के पास ! जब वे पास होते हैं तो उनकी निगाहें सहन नहीं होतीं और जब सामने न हों तब लगातार झखती रहती हूँ उनके लिए !

विजिटर्स ऑवर्स में कल उन्हें होस्टल पर बुलाऊँगी।

15 जून

सुबह :

कितनी लम्बी होती है रात
एक अकेली सिसकी...

क्या अज्ञेय ने ये पंक्तियाँ मेरे ही लिए लिखी होंगी ?

रात्रि :

मेरा वर !

सचमुच प्रेम व्यक्ति को बोल्ड बना देता है

आज उजास होस्टल पर आए। आज पहली बार लगा, मानो मेरे सामने दर्पण नहीं उजास की आँखें हैं। खुले बाल और वही प्रिय साड़ी– पैरटग्रीन बैक ग्राउंड और डीप येलो बार्डर। रूम का दरवाजा बन्द करते समय कान में गूँज उठा वृन्दा का वाक्य, ‘ तू विवाह कर तुझे ऐसा ही राई का खेत दूँगी...’ एक पल थम गई। सीढ़ियाँ उतरते समय काली सामने मिली। मुझे देखकर बोली, ‘अहा, मीरा बहन का रौब पड़ रहा है !’

दौड़ती हुई सीढ़ियाँ उतरकर गेस्ट हाउस गई तो उजास कहीं नहीं। कहाँ होंगे ? तभी चौकीदार ने दूर से आवाज लगाई। देखा तो गेट के सामने गुलमोहर के पेड़ के नीचे हाथ बाँधे खड़े थे।

मैंने चाय-नाश्ता के लिए कहा तो बोले, ‘कहीं बाहर चलते हैं !’

‘कहाँ जाएँगे ?’

‘जहाँ तुम ले चलो...’

उजास के बोलने के साथ ही मेरा दिमाग मानो एकदम खाली। कोई एक भी जगह याद नहीं आ रही थी। अन्त में युनिवर्सिटी की ‘आदर्श’ होटल याद आई। जाकर फेमिली रूम में देखा तो मुश्किल से

दो व्यक्ति बैठ सकें इतनी ही बड़ी केबिन ! दरवाजे के नाम पर गन्दा पर्दा। वह केबिन मुझे सात जन्म न भूलेगी...उजास क्या सोचेंगे ? परन्तु वे तो निश्‍चिंत बैठ गए, सामने तो सीट थी नहीं ! बगल में बैठते एकदम वितृष्णा हो आई अपने पर। मैं उजास का सान्निध्य चाहती थी किन्तु ऐसे गन्दे वातावरण में नहीं।

कॉफी और सैण्डविच आने तक कोई कुछ न बोला। कॉफी का घूँट लेते हुए उजास ने पूछा :

'क्यों, जी ठीक नहीं है ?' मैं कुछ न बोली। मेरे गले में कुछ भर गया हो जैसे।

'क्या हो रहा है ?' उन्होंने फिर पूछा।

'रोने की इच्छा...' मेरे मुँह से अचानक निकल गया।

'क्यों ?'

'सारी रात नींद नहीं आई।' मैंने कहा।

'मेरी वजह से ?'

'हाँ।'

'क्यों ?' कहते हुए उन्होंने अपना हाथ मेरे कन्धे पर रखा।

'क्योंकि...मैं आपको चाहती हूँ...' मैंने कॉफी का मग दोनों हाथों में जोर से पकड़ते हुए कहा।

'हँऊँ...'

उनकी तर्जनी मेरे कान का झुमका डुलाती रही। मैंने उनसे स्पष्ट कह दिया, मुझे पता नहीं, आप मेरे विषय में सचमुच क्या मानते हैं...इतना ही नहीं, आप सम्पूर्ण रूप से मुक्त हैं, चाहने या न चाहने के लिए...बाकी मैंने तो तय कर लिया है...किसी को दिल खोलकर चाहने के सिवा व्यक्ति के हाथ में और क्या हो सकता है !

मैं बोलती ही रहती कि तभी उन्होंने मेरे कन्धे पर अपना माथा टेका, और मैं एक झटके के साथ कॉफी अधूरी छोड़कर खड़ी हो गई। रोड पर आकर मैंने मुक्ति की साँस ली। देखी तो उजास एकदम चुप। उसका हाथ पकड़ते हुए मैंने कहा, 'प्लीज ! आप गलत मत समझना। यदि प्रेम हो तो मैं विवाह बिना भी सेक्स का बुरा नहीं मानती। किन्तु जाने मुझे उस गन्दे होटल में लग रहा था कि मैं कोई खराब काम कर

रही हूँ।'

लौटते समय साँझ ढल चुकी थी। रास्ते में उजास ने मुझसे पूछा, 'तुमने कभी दक्षिण भारत के मन्दिर देखे हैं ?'

'नहीं' कहते हुए मैंने उनकी ओर देखा। उसे अपने स्तनों पर आँख टिकाए देख मेरे रोंगटे खड़े हो गए।

वह आगे बोला, 'हेलेबीड की मदनिका जैसे तुम्हारे स्तन हैं, इन्हें देखते ही...इतना कहकर उसने मेरा कन्धा जोर से दबाया। मुझे लगा मेरा हाथ जड़ से अलग तो नहीं हो जाएगा न ? तभी अटीरा के पास अँधेरे में किसी स्त्री के हँसने की आवाज आई।

उजास ने कहा, 'तुम हँसी ?'

'नहीं, हमारी युनिवर्सिटी की प्रणयवीथिका !'

मुझे पास खींचते कहा, 'चलो मेरे डेरे पर।'

'सोमनाथ से लौटने के बाद...'

'प्रॉमिस ?'

उनका हाथ चूमकर मैंने कहा, 'प्रॉमिस !' और दौड़ गई होस्टल के गेट की ओर। चौकीदार ने पूछा, 'बहन, कौन था ?'

'मेरा वर !'

18 जून

सोलह-सत्रह दो दिन कहाँ बीत गए, पता ही न चला। जब अहमदाबाद में बस घुसी तब लगा कि इस धरती पर पहली बार पैर रख रही हूँ। क्या प्रिय के सहवास से परिचित दृश्य इस हद तक अपरिचित बन जाते हैं ? और अपरिचित नितान्त आत्मीय ! कालेजों के खुल जाने से होस्टल भी रंगबिरंगी कलरव से गूँज रही थी, या फिर मेरे ही मन का प्रतिबिम्ब !

मैं, उजास और तिवारी जी सोमनाथ से ही वापिस लौट आए। बाकी द्वारका होकर आएँगे।

सोमनाथ पहली बार ही देखा, पर लगता है अनेक बार देखा है मैंने, उसकी एक-एक मुद्रा मेरी चिरपरिचित है...

बस स्टैंड से मन्दिर जाता चौड़ा रास्ता, रास्ते के दोनों ओर दुकानें, गेस्ट हाउस और सामने आकाश चूमता खड़ा मन्दिर का मकर तोरण, द्वार के पीछे झाँकता शिखर। घुसते ही जकड़ ले आपको, मन्दिर को छूकर सोया हुआ आसमानी जल ! मन्दिर के प्रांगण के बाईं ओर गेस्टहाउस की खिड़कियों पर दस्तक देती समुद्र की लहरें, मन्दिर के चारों ओर बनाया हुआ चबूतरा, चबूतरे से समुद्र की ओर ले जाती सीढ़ियाँ, किनारे पर बाँह फैलाए बुलाती लहरें...यदि मैं चित्रकार होती तो...परन्तु नहीं सब कुछ अंकित हो चुका है मेरे भीतर...

जाते समय रास्ते में बड़ा मजा आया, विशेष तो उजास को चिढ़ाने में।

सोलहवीं की सुबह साढ़े छः बजे हाथ में अमलतास के फूलों का गुच्छा लिए पहुँच गई गेस्ट हाउस पर। उजास भी तैयार होकर लांज में मेरी प्रतीक्षा कर रहा था। मैंने गुडमार्निंग कहते हुए फूल दिए। जवाब में बोला, 'इस वासंती सुबह के लिए धन्यवाद ! तुमने ये कविता पढ़ी है ?'

'फागुन मासे अमलतास सम उधड़े नील अकास...' बोलते हुए उसने कवि नरेश मेहता को याद किया।

सोमनाथ की बस पौने आठ की थी। रोड पर आए तो देखा कि एक भी रिक्शा नहीं। युनिवर्सिटी तक पैदल चले। रास्ते में अचानक उजास ने रोलवाला कम्प्यूटर सेन्टर के पास एक पत्थर की बेंच पर सभी फूल धर दिए। फिर मुझसे बोला, 'उन सबके नाम...जो प्यार करते हैं।'

युनिवर्सिटी पहुँचे तो लकिली सैंतालिस नम्बर मिल गई। मेरे बगल में बैठते हुए बोला, 'सफर में पास बैठोगी न...! तुम्हारा क्या ठिकाना, दूसरों की उपस्थिति में कुछ और हो जाती हो !'

और मैंने मन ही मन निश्चय कर लिया कि नहीं ही बैठूँगी ! वैसे भी मेरा चेहरा बहुत मुखर है और उजास पास में हो तो...

स्टैंड पर पहुँचते ही डॉ. कुसुमबाला बोली, 'उजास जी, मैं आपके पास बैठूँगी ! बोलते समय तिवारी जी के मुँह से जो वर्षा होती है वह मेरे से सही न जाएगी !' मैं हँसी रोकने के प्रयास में उल्टे मुड़ गई। यह बहिनजी हमारे साथ बहुत नहीं घुल पाती। इन्हें हम सब इम्मेच्योर लगते हैं।

पहली ही तीन वाली सीट में मैं, हेमा और पूर्वा। मेरी पिछली सीट पर उजास, कुसुम जी तथा हिमांशु। सलिल, रुचि और तरुण नहीं आए थे। तिवारी जी और बाकी सब दो-दो वाली सीट में।

थोड़ी देर बाद मुझे लगा, मेरे दाएँ हाथ को कुछ छुआ। एक पल को हुआ, वृन्दा कहाँ से ? पीछे मुड़कर देखा तो उजास मेरी सीट पर माथा टिकाकर सोने की कोशिश कर रहा था। कुछ समय बीता। फिर कुछ छू गया। अवश्य उजास ! सीट की बगल में से...उठी और सामने की सीट पर से चाको को उठाकर उसकी जगह पर बैठ गई।

किन्तु मुझे क्या पता कि स्पर्श की तुलना में नजर सौ गुनी खतरनाक हो सकती है ! उसे आप हटाओ भी कैसे ? और वह भी तब जबकि वह आपको अन्दर ही अन्दर नापसन्द न हो...किन्तु कोई देख ले तो ? वह दुष्ट खिड़की पर सिर रखकर मेरी दुविधा का आनन्द ले रहा था। पलभर तो मन हुआ, बरस पड़ूँ जोरदार, भले हो जाए वह हतप्रभ ! थैंक गॉड, राजकोट आया और मैं बच गई...

चाय-नाश्ता करके फिर जब बस में बैठे तब मैंने सिफ़त से कुसुमजी को उसके सामने बैठा दिया और मैं उसके पीछे। मेरी ओर फिरकर धीरे से बोला, 'इसकी तुम्हें सजा होगी।' मैंने कहा, 'फिलहाल आप भोग लो।'

शाम को मन्दिर आरती में सभी गए थे। मैं पहले दर्शन कर आई थी। मुझे हमेशा लगता है कि आरती के शोर में आप और आपकी वन्दना दोनों खो जाते हैं और शिव के द्वार तो हमेशा खुले। जब चाहें तब दर्शन करें।

उजास तो वैसे भी मन्दिर का विरोधी। हम दोनों चबूतरे की पाल पर डूबते सूरज के उजाले में समुद्र को देखते हुए बैठे थे। उजास के चेहरे पर अभी भी मुसाफिरी की रिस थी। उसे मूड में लाने के लिए मैंने कहा, 'कुसुमजी के गौर सौन्दर्य का दर्शन लाभ मिला न ?'

'उसे तुम सुन्दर कहती हो ?'

'क्यों नहीं हैं...गोरा रंग, बड़ी-बड़ी कजरारी आँखें'

'बस...बस...मुझे उसका नखशिख वर्णन नहीं सुनना। मीरा तुम भूल जाती हो कि देह के अलावा एक मन का सौन्दर्य भी होता है। हालाँकि सुन्दर शरीर भी आकृष्ट करता है, किन्तु उसके पार एक सौन्दर्य होता है, आत्मा का, संवेदना की सच्चाई का, किसी पर सब कुछ लुटाने की हिम्मत का, सौहार्द का। देह तो एक द्वार मात्र है...'

अभी भी उसके शब्द मेरे कानों में गूँज रहे हैं। क्या इसीलिए वह मेरी ओर आकृष्ट हुआ होगा !

आरती से बाहर निकलने पर सबने तय किया कि दूसरे दिन की रात को समुद्र किनारे काव्यगोष्ठी करेंगे। रात को मुसाफिरी से थके सभी जल्दी सो गए, परन्तु मैंने तय किया कि सुबह जल्दी उठकर सूर्योदय देखूँगी। हालाँकि सोमनाथ में समुद्र के तट पर सूर्योदय का कोई खास प्वॉइंट नहीं है, फिर भी धीरे-धीरे जागता समुद्र एक ओर, धीरे-धीरे फैलता हलका उजाला और दूसरी ओर धीरे-धीरे सिकुड़ता अन्धकार।

सत्रह की सुबह पहली आरती के घंटनाद से जग गई। अभी साढ़े पाँच हो रहे थे। रूम में पूर्वा, हेमा और कुसुमजी सो रही थीं। क्या करूँ ? जाना तो था। अन्त में रूम को बाहर से ताला लगाकर पहुँच

गई समुद्र के पास...

...मानो मुझे बुला रहा था समुद्र। दौड़कर उसकी लहर की सफेद झालर को पकड़ने के लिए आतुर हो उठा शरीर। देह का एक-एक अणु किसी चरम निकटता का अनुभव करने हेतु उत्तेजित हो उठा। फ्राइड पानी को कामेच्छा का प्रतीक कहता है। कामना के आवेग में देह का प्रत्येक अंश एक सघन स्पर्श का अनुभव पाने के लिए तड़पता रहे। शरीर के उस प्रगाढ़तम आलिंगन में भी हवा की दखलंदाजी तो रहने वाली ही ! एक ही क्षण समग्र शरीर समानांतर रूप से अनुभव भी नहीं कर सकता ! टुकड़े-टुकड़े ही उसे पाया जा सकता है। देह के कितने ही रहस्यमय प्रदेश अनजाने, अनछुए, बिनभोगे रह जाएँ। निकटता की चरम पूर्णता तो जलयोग में ही सम्भव है। 'समन्दर से इतनी दूर क्यों बैठी हो ?'

चुपचाप उसका हाथ पकड़कर चलने लगी, वह जहाँ ले जाए वहाँ। थोड़ी देर में उसने मुझे नजदीक खींचकर कमर में हाथ लपेटे कहा, 'तुमने डी.एच. लारेंस का नाम सुना होगा। उसने स्त्री-पुरुष की रतिक्रीड़ा के लिए समुद्रलय की उपमा दी है। मुझे लगता है जल और सेक्स दोनों आदिम तत्त्व हैं। और दोनों मनुष्य के लिए अनिवार्य।' वह बोलता जा रहा था और मेरी समग्र चेतना स्पर्शमय बन गई थी। इतने में एक बड़ी लहर आई और मैं उजास से लिपट गई। कपड़े भीग गए।

'क्यों भीग गई न ?' उजास ने पूछा। मैंने उससे आँख मिलाते हुए इशारे से कहा : 'नहीं।' वह झुककर कुछ करने जा रहा था कि तभी चाको पुकारता हुआ चाबी लेने आया।

रात्र को कविगोष्ठी में मजा आया। पूर्वा ने रवीन्द्रनाथ का गीत गाया :

आजि ज़डेर राते तोमार अभिसार,
पराण सखा, बंधु हे आमार...

मुझे लगता है प्रेम स्वयं एक झंझावात है, सजीव मात्र को आमूलचूल परिवर्तित कर देने वाला।

अष्टमी के चाँद के उजाले में समुद्र का किनारा, सामने बैठा उजास और उजास की कविता...!

आओ
आमने-सामने बैठकर
महसूसें
अहसासों के अलावों को
और
सेंक लें
हमारी हथेलियाँ
परस्पर
रेखाएँ बदलकर।

पहली बार अनुभव किया कि उजास की आँखें मेरी देह और मन की आग के अक्षर पढ़ रही हैं। जबकि वृन्दा के सम्बन्ध में...हमने शायद धुएँ को ही आग मान लिया था...उर्मियों का मखमली स्पर्श या लहरों का आक्रमण, देह के कोने-कोने में फैल जाता जल का गीलापन। डुबकी लगाते सघन केश राशि के मूल में फुंक जाती गरम-गरम साँस। पूरा शरीर झनझना उठे किसी सितार की तरह, मुँदती आँखों पर लद जाए प्रतिघोष का बोझ, धीरे-धीरे मद में डूबती काया, एक धक्के के साथ अंगड़ाई लेकर खड़ी हो गई सन्नद्ध बने ज्वार को पराजित करने...तभी चौंक उठी...वृन्दा का पदरव ? देखा तो पीछे उजास। क्या उसने मेरी स्वगतोक्ति सुनी होगी ?

30 अक्टूबर

पिछले चार माह से रिसर्च का कुछ भी काम नहीं हो रहा। लिखने बैठती हूँ तो पेन सतत् लड़खड़ाती रहती है। देखो न ! यह डायरी ही कितने दिनों पर हाथ में ली...

कुछ पढ़ने की भी इच्छा नहीं होती। पढ़ती हूँ तो उपन्यास के पात्र मेरे ही प्रतिबिम्ब बन जाते हैं। यह रेखा, भट्टिनी...राधिका...आशा... रति...चारों ओर से नाखून चुभाती हैं, कोंचती हैं मेरी लहूलुहान स्मृतियों को...प्रदर्शनी लगाती हैं मेरी व्यथा और व्यर्थता का...

सचमुच विक्टोरिया ऑकाम्पो भाग्यशालिनी थी, इसीलिए तो 'गीतांजलि' उन्हें बचा सकी...

यदि रिसर्च का काम न हो रहा हो तो क्या अधिकार है मुझे स्कॉलरशिप लेने का ? जाती रहूँ घर पर ?

2
नवम्बर

इस कमरे में
कुछ भी छोड़कर नहीं जा रही हूँ
सिवा
आईने में मैं अपना अक्स,
प्याले पर अपनी प्यास,
खूँटियों पर
टँगे बासी अहसास,
तकिए में गड़ी
गरम उसाँस...
कुछ भी छोड़कर नहीं जा रही हूँ
सिवा
बीते वक्त की गन्ध...

3 नवम्बर

अहमदाबाद से नवानगर तक का क्षेत्र...सूखा, उजाड़।

पहले साबरमती, अब यह उतावली। मेरे ही भाग में क्यों ऐसी नदियाँ आती हैं ? उतावली ! पहले तो रेशम के पोत-सी...भरी-भरी ! (मैं कितनी खुश हुई थी !) और अब एकदम फटे-चिथड़े कपड़े जैसी...अपने को देखूँ या तुझे ?

5
नवम्बर

ओ लौटी हुई नदी,
तुम्हें हक नहीं है;
समन्दर के ख्वाब देखने का !
मोड़ दो,
काफिले तमन्नाओं के
सहरा की तरफ...

8
नवम्बर

कब से देख रही हूँ। रूम के आले पर बैठे कबूतर को। लगभग दसेक मिनट से नर रिझा रहा है मादा को...वृन्दा और मैं...परस्पर दो इसी तरह जगाते थे...कोई राग शुरू करने से पहले आलाप की तरह...क्या उसमें इतना भी धीरज नहीं होगा ? या फिर वृन्दा की आदी मैं ही कमजोर पड़ी या फिर मेरे स्पष्ट एकरार से उसने मुझे अनुभवी (?) मान लिया ?

12 नवम्बर

आज मम्मी की एक भूतपूर्व विद्यार्थिनी मेरे पास निबन्ध लिखवाने आई, 'राष्ट्रभाषा की समस्या', किन्तु लगा मानो मेरी विचारशक्ति ही कुंठित हो गई है। कुछ भी बोलना अच्छा नहीं लगता, लिखना, पढ़ना अच्छा नहीं लगता, कहीं जाना अच्छा नहीं लगता, किसी से मिलना अच्छा नहीं लगता, उसने मेरे व्यक्तित्व की अभिव्यक्ति को छीन लिया है।

सलिल-रुचि की शादी दो दिसम्बर को है। कार्ड अब आएगा, पत्र मिल चुका है। नहीं जाना है। मेरा चले तो नक्शे में से अहमदाबाद को ही मिटा दूँ।

17 नवम्बर

जुलूस में जुड़ी प्यास
जब होठ की देहरी के बाहर कदम रखती है
तो हथेली के चौराहे में शुरू हो जाते हैं दंगे !
पंचनामा करने आई आँखों को
गवाही नहीं देते उँगुलियों के पोर
और वे भी जुड़ जाते हैं मोर्चे में।
एकान्त के लाठीचार्ज से बिदकी भीड़
लूटने लगती है
जो भी हाथ में आए...

क्यों सबकुछ जड़ नहीं हो जाता ? जब से मेरे लहू ने तेरे लहू का स्वाद चखा है तब से फूट निकले हैं उसकी इच्छा के आकार। घुरकने के बजाय बोलने लगा है वह...

25
नवम्बर

उसने मेरे जीवन के सौन्दर्य को कुचल डाला, चींथ डाला।

धुआँधार कामनाओं के प्रपात के नीचे मेरे अस्तित्व का अस्वीकृत प्रारूप भींगकर लोथड़ा बन गया है...

30 नवम्बर

झाड़ू लगाते मोती बहन ने मेरे हाथ में कागज का एक टुकड़ा थमाया। मेरी कविता ? नहीं। उजास के प्रति सम्वेदनाएँ :

मेरी जाँघों पर कुलबुलाता सूरज
मेरी छाती पर झूलता सूरज
मेरी नाभि में थिरकता सूरज
मेरे होठों पर कुहुँकता सूरज
मेरे तलुओं नीचे कुचलाता सूरज
मेरी माँग में तड़पता सूरज
मेरे घुटने पर छिलता सूरज
मेरे पोरों में गोदाता सूरज
मेरी पलकों में झपकता सूरज
मेरी देह को भोगता सूरज

क्या यह मुखरता खतरनाक थी ? मुझे खतरे का डर न था। मैं अपनी सम्वेदनाओं को एकदम स्पष्ट रूप से स्वीकारती थी, उसकी कीमत चुकाने की तैयारी के साथ। नो डिफेंसिव प्लेइंग !

वह दुर्घटना हुई तब हम दोनों जानते थे कि हम क्यों मिल रहे हैं। पहली बरसात में मुझे मन भरकर भींगना था। क्या वृन्दा के साथ के अनुभव ने मेरी अपेक्षाओं को ज्यादा जगा दिया ? क्या मैं अपने बाह्य रूप की वास्तविकता भूल गई थी ? क्या वह मुझे केवल भोगना ही चाहता था ?

2
दिसम्बर

सबकुछ जलकर खाक हो जाएगा चिता में...सिवा के मेरे होठ और ये पोर। इस प्यास की कहीं मुक्ति नहीं।

5
दिसम्बर

शुक्रपात से
शब्दपात के
अँधेरे में खड़ी औरत पूछती है :
'कवि और मर्द में कितना फर्क होगा ?

7 दिसम्बर

आज सलिल और रुचि हनीमून मनाने चोरवाड़ हालीडे होम गए। कल शाम आए थे। लगा कि कुछ पूछेंगे तो ? रिसर्च के बारे में...वृन्दा के बारे में...उजास के बारे में...किन्तु, उन्हें कहाँ फुरसत थी अपनी बातों में ?

वैसे तो कुछ भी बदला न था, फिर भी...एकदम बदला हुआ, कोरा नया...मानो गुप्त खजाना हाथ लगा हो ऐसे लगातार मलकते होठ और आँखों से छलकता इस खोज का साँझा सुख...एकदम मुझे मेरे खाली-खाली हाथ दिखे...वर्षा बीतने के बाद भी एकदम खाली पड़े नदी के किनारों की तरह...

आज सबेरे सलिल-रुचि को रूम में चाय देने गई तब पलंग पर बैठा सलिल सामने के आईने में लिपिस्टिक लगाती रुचि को देख रहा था। मुझे देखकर उसने एकदम से अखबार पढ़ना शुरू कर दिया, किन्तु रुचि के चेहरे पर अधूरा रह गया संवाद खेल रहा था। मुझे देखकर दोनों क्यों संकोच में पड़ गए ? किसी नाटकीय ढंग से नार्मल होने की कोशिश क्यों ? या फिर मेरी आँखों में प्यास झलक गई ?

क्या मैं परस्पर प्रेम करनेवाले मित्रों को देखने का सुख भी खो बैठी ?

18 दिसम्बर

छः महीने हुए, परन्तु आज भी वह दृश्य जरा भी धुँधला नहीं हुआ है।

दोपहर को ठीक एक बजकर दस मिनट पर मैंने उसके दरवाजे को खटखटाया। खुला ही था, धकेलकर अन्दर गई। उजास सामने पलंग पर सोया था। मैरून शर्ट और सफेद पोत पर ब्लैक चेक्सवाली लुंगी...जरा-सा गर्दन उठाकर उसने मुझे देखा। स्वागत करने की उसे शायद जरूरत न लगी हो ! आँख से उसने दरवाजा बन्द करने का इशारा किया, बन्द करके सामने सोफे पर बैठी।

'कितने बजे ?'

'एक दस।'

'कौन-सी घड़ी है ?' कहकर उसने हाथ बढ़ाया। उत्तर में मेरा हाथ उठा, एक झटके में ही उसने मुझे अपने ऊपर खींच लिया। मैं कुछ बोलूँ उससे पहले ही वह मेरी साड़ी खींचने लगा। मैं उसे जरा रुकने के लिए कहती रही, परन्तु मानो उसे दूसरा कुछ भी नहीं दिखाई दे रहा था, सुनाई नहीं दे रहा था। मैंने उसकी पकड़ से छिटकने की कोशिश की तो वह और भूखा बनकर दुगुने आवेग से टूट पड़ा। उसकी आँखों के जुनून ने मेरी सारी आर्द्रता सोख ली। मैं स्तब्ध रह गई...गठरी बन गई...मेरे अर्धनग्न शरीर पर एक स्थूल खुली देह झुकी हुई थी। मैं बचने के लिए हाथ-पैर मार रही थी और वह मेरे भीतर धधकता सीसा डालता रहा...अन्दर चीरा पड़ गया हो इतना मेरा गला सूख रहा था...पूरा रूम प्रतिध्वनित हो रहा था उसकी हुँकार से...मेरी नजर के सामने वह क्षण बलात्कार के अँधेरे में बदलता जा रहा था और मैं उसमें अपना उजास खोजती रही।

आज विचार करूँ तो शायद ऐसा लगे कि वह काफी लम्बे अर्से से भूखा था इसलिए भी स्वयं को रोक न पाया हो। यह भी हो कि इस

चितकबरे शरीर को वह सहन न कर सका हो। मैं तो वृन्दा की आँखों से ही अपने को देखती रही हूँ, परन्तु हकीकत तो...

परन्तु जिस प्रकार उसने मुझे छोड़ा मानो आकाश में भटकती पतंग ! और जब तिवारी जी आए तब उसने जिस तरह मुझे मेरी चप्पल के साथ बाथरूम में छुपने के लिए धकेला ! क्या वह मुझे एक मित्र के रूप में भी हिम्मतपूर्वक स्वीकार नहीं सकता था ?

नहीं, कुछ भी सुन्दर नहीं...रोमांचक नहीं...जरा भी सद्भाव नहीं...सौहार्द्र नहीं...आश्वस्ति नहीं, नहीं...नहीं...

19
दिसम्बर

नहीं। अब तो फूल भी नहीं सहे जाते...आज बुधिया गुलाब दे गया। पिछली खिड़की से फेंक दिया...

22 दिसम्बर

आजकल मुझे अपने स्पर्श से भय लगता है। लगता है वह बहुत मुखर हो गया है।

शाम को पड़ोसी का बेटा रुद्राक्ष आया। मैं झूले पर बैठी थी। आते ही पीठ पर लटककर बोला, 'मीयां बेन झीगोल तरोने ! (अभी भी उसकी आवाज का स्पर्श मेरे कान के पास, गर्दन के पास है।) एक पल के लिए रोमांचित हो उठी...पकड़कर सीने से लगाकर उसे चूमने लगी तभी...अचानक लगा, मेरी अभिव्यक्ति में कुछ मिलावट है...ओह !

25 दिसम्बर

मैं क्यों जी रही हूँ ?

आज मेरा जन्मदिन है। प्रणाम करते समय मम्मी से आँख न मिला सकी। चुपचाप मेरी देखभाल करती मम्मी को देखती हूँ और मैं अपने आपसे भी आँख नहीं मिला पाती। इस तरह कैसे टिका जा सकेगा ? इतनी उदासी, इतना निषेध...आज बाल सँवारते समय दर्पण में चेहरा दिख गया। चेहरे को चारों ओर से ढँकते बाल...याद आया रवीन्द्रनाथ का चित्र 'हेड ऑव अ वुमन'...

30 दिसम्बर

खट्...खट्...मम्मी का झूला चल रहा है। पता नहीं, कितने बजे हैं ? नींद की गोली लेकर सोई थी, पर जग गई। पिछली गली में हाँफते...दौड़ते कामातुर सुअर की गुर्राहट, जबड़े की आवाज...और उससे बचने की कोशिश करती चीखें...पूरे शरीर में एक झुरझुरी दौड़ने के साथ मानो मन-मन का बोझ मुझ पर लदता जा रहा है। पसलियाँ मारे दबाव के मानो अभी टूट जाएँगी...पूरा शरीर पसीने-पसीने...

खट्...खट्...नाइट लैम्प की मैली रोशनी में सामने की ड्रेसिंग टेबल का आईना भी मुझे मम्मी की तरह पहचानने से इनकार कर रहा है। सूजा हुआ चेहरा, पशुओं द्वारा रौंदे गए खेत-सा सिर...

खट्...खट्...कहीं कोई पेड़ कट रहा है। आदतन रास्ता छोड़कर उड़ता पक्षी कटे वृक्ष के अवकाश से टकराकर खिसिया जाता है...सोते समय नीचे दबती चोटियों को हटाने बढ़े हाथ खिसियाते हैं...उनकी खिसियाहट झेल लेती है सूनी लगती यह कमर...

खट्...खट्...मम्मी का झूला अभी भी चल रहा है। पिछले तीन दिनों से इसी कमरे में बन्द पड़ी हूँ...मम्मी एक अक्षर तक नहीं बोलती। दबी आग-सा उसका चेहरा, किस क्षण गुस्से से प्रज्ज्वलित हो उठेगा। (हो तो अच्छा...) इसका पता नहीं चल रहा। वह खून का घूँट पीकर बैठी रहे उसकी अपेक्षा...उसका क्रोध अकारण नहीं है। परसों मैंने अपनी पूरी चोटियाँ काट डाली। वृन्दा ने जन्मदिन का कार्ड भेजा था...अमलतास के सूखे फूल...कार्ड देखते ही खड़ी हो गई। कैंची ली, और...

लगातार घुट रही हूँ। अब तो मानो दिशाओं ने भी मुझसे मुँह फेर लिए हैं...

परिशिष्ट

मीरा याज्ञिक की डायरी के बारे में

डायरी–दैनन्दिनी के माध्यम का सर्जनात्मक स्तर पर विनियोग करने की दक्षता साहित्यकार में हो, तो लघु उपन्यास जैसे कल्पनोत्थ कथास्वरूप में कितनी सुन्दर निर्ब्याज मनोहर कृति का सर्जन हो सकता है, इसका एक ध्यानपात्र निदर्शन बिन्दु भट्ट रचित 'मीरा याज्ञिकनी डायरी' में दृष्टिगत होता है।

युनिवर्सिटी के भाषा-भवन में डॉ. जैन के मार्गदर्शन में पीएच. डी. का संशोधन-अध्ययन कर रही मीरा याज्ञिक की मूलभूत समस्या की ध्वनि कथा के आरम्भ में ही सुनाई देती है। होस्टल में 31 दिसम्बर की रात को आयोजित पार्टी में मीरा दीर्घ केश-सौन्दर्य स्पर्धा में प्रथम इनाम प्राप्त करती है, किन्तु भीतर तो नितान्त रीतापन ही अनुभव करती है। मीरा को दहशत है, कि स्वयं को आन्दोलित कर रही काव्यपंक्ति–'तारी ते लटने लहेरवुं गमे, ⁄घेला को हैयाने घेरवुं गमे,–यूँ ही निरन्तर हृदय को कुरेदती रहेगी तो शायद 'टूट जाएगा टाँका' एवं 'सातवें कोष्ठ का अस्तित्व छुपाना मुश्किल हो जाएगा...इस नितम्बपुर केशपाश में कौन बँधेगा ?...इस चितकबरे स्पर्श को पार कर कौन पहुँचेगा मुझ तक ?' अपरूप सुन्दर केशराशि की कमनीयता एवं आकर्षक अंग सौष्ठव युक्त इस तरुणी को अपनी लहराती लट के मोहपाश में किसी बावरे युवा को बाँधने की अदम्य कामना अस्वस्थ कर देती है, किन्तु उस चितकबरे स्पर्श को लाँघकर उस सातवें द्वार तक कौन पहुँचेगा ? कोढ़ के सफेद दाग के कारण विरूप बनी हुई काया के चितकबरे स्पर्श का व्यवधान पार कर अपनी हृदयगत सुन्दरता को पा सके, ऐसा सपनों का सौदागर मिलेगा या नहीं ! इस बहुपरिमाणी संकुल समस्या को यथार्थ रूप में

उभारने के लिए लेखिका द्वारा योजित परिस्थिति, मनःस्थितिगत सन्दर्भ एवं कृतिगत परिवेश भी उनके प्रयोजन के अनुरूप ही हैं।

प्रथम दृष्टि से तो ऐसा लगता है कि मीरा उसकी डायरी में कुछ अप्रस्तुत आलतू-फालतू बातें भी लिखती है। उसकी नोट में सलिल-रुचि के गुप्त प्रेम-संवनन, पॉपकॉर्न का पैकेट बेचनेवाले अस्त-व्यस्त लड़के की कंगालियत, 'कबरी' एवं 'काली-धोली' (श्वेत-श्याम) कहकर चिढ़ाते शाला के सहाध्यायियों के बन्दरपने तथा शिक्षिका वृन्दा की इस तेजस्वी छात्रा के प्रति आत्मीयता की बात भी हो, भगवान की पूजा-सेवा में रत ऐसे एकदम अप-टु-डेट होस्टल के वार्डन की एकाकी जिन्दगी का निर्देश हो, 'निरन्तर शंका एवं अविश्वास भरे घर की चौकीदारी में श्वाँस लेती' सखी रुचि के चेहरे पर उफनते अव्यक्त रोष-असंतोष की बात हो, भारतीय तत्त्वज्ञान में रिसर्च करती युवती उषा की अभ्यास-निष्ठा का उल्लेख हो, 'जहाँ किताबों के ढेर पर बैठकर चपरासी बीड़ी पीता हो, लायब्रेरियन पुस्तकों की खरीदी में गोल-माल करते हों, पाठक पन्ने फाड़ते हों एवं रिसर्च केबिन को प्रेमी युगल अवसर पाते ही होटल के रूप में उपयोग में लेते हों, ऐसे विद्याकीय वातावरण की टीका-टिप्पणी हो, परस्पर खींचा-तानी, दुश्मनी या स्वार्थ साधने के लिए रिसर्च के विद्यार्थियों को हैरान-परेशान करते मार्गदर्शक महानुभावों के लघुता की नुक्ताचीनी भी रहती। हवामान में होनेवाले परिवर्तनों के अनुसार वायु मापक यंत्र में पारा जिस प्रकार ऊँचा-नीचा हुआ करता है, वैसे ही आस-पास के वातावरण में होनेवाले परिवर्तनों एवं व्याप्त प्रदूषणों की अपने संवेदन-तंत्र पर होनेवाली प्रतिक्रियाओं को मीरा अपनी डायरी में लिखती है। कोई भी उपयोगी या अनुपयोगी लगती बात, वस्तु या व्यक्ति उसकी चेतना को स्पर्श कर जाए, तद्विषयक प्रतिभावों को लिखने में दिलचस्पी रखनेवाली यह कुशाग्र बुद्धि तरुणी अति संवेदनशील है।

मीरा की एकलतामूलक संवेदना का स्थायीभाव उत्तरोत्तर अधिक गहन बनता जाए और अन्ततः करुण का ही पर्याय बना रहे, इस हेतु योजित परिस्थितियों के निर्माण में एवं विभाव-रूप गौण पात्रों के संविधान में लेखिका की अप्रतिम कला-सूझ के दर्शन होते हैं। मीरा की

एक समय की शिक्षिका सखी वृन्दा होस्टल में उसके साथ रहने आती है एवं कुछ ही समय बाद जुदा हो जाने की घटना उसके जीवन की भावी-दिशा निश्चित करने में निर्णायक भूमिका अदा करती है। शाला के आचार्य कामाणी साहब के प्रेम में निमग्न वृन्दा विवाहित पुरुष का वरण कर स्वार्थ साधने के बजाय, उसकी त्यक्ता पत्नी के एकाकी जीवन की वेदना के विचार से प्रिय-पात्र के विवाह-प्रस्ताव की अवहेलना करती है। लड़की के जन्म से पूर्व ही किसी अनिवार्य कारण से पति से अलग होकर लड़की के भावी सुख के खातिर दांपत्य-सुख का त्याग कर मीरा की मम्मी भी वस्तुतः मीरा की एकलता का ही विभाव है।

पति-स्नेह से वंचित दो नारियों की एकलता के किनारों को जोड़नेवाले सेतुबन्ध की भ्रान्ति वृन्दा एवं मीरा का होस्टल में मिलाप एवं सहवास, समलिंगी सम्बन्ध में परिणित होता है। एक प्रियतमा की भाँति वृन्दा के स्नेहोपचार से खिल उठी मीरा की काया, वृन्दा के रोमांचक स्पर्श द्वारा अनुभूत देहसुख की कामना करती रहती है। दो स्त्रियों के बीच के समलिंगी सम्बन्ध के आलेखन में लेखिका की सर्जकता एवं प्रगल्भता दृष्टिगत होती है। "...मैं उसके होठ चूमने झुकी तभी मुझे झाँसा देकर उसने मेरे स्तन चूम लिए। उसके हाथ मेरी कमर में लिपटे थे। मेरे हाथ भारी होते जा रहे थे। कमर के मोड़ में से कहीं कुछ अँगड़ाई लेकर उठ रहा था। बार-बार झुक आती पलकें लड़खड़ाते दृश्यों को थाम लेती थीं। जैसे ही उसकी गरमागरम साँस मेरी गरदन पर फैली मैं नख-शिख हिल उठी। एक झटके से उसके ऊपर लुढ़क गई। उसकी गरदन, कर्णमूल, स्तन...चूमते हुए मैंने सुना, 'आई लव यु मीरा' " किन्तु यह सिलसिला अधिक दिन नहीं चलता। कामाणी साहब की अनुपस्थिति में मीरा के समलिंगी सम्बन्ध को भोगती वृन्दा एक तरुण एवं विद्याव्यासंगी अध्यापक के सम्पर्क में आने पर मीरा से अलग हो जाती है एवं खिड़की से रूम से झाँकता शिरीष बिना खिले वहीं भरे वसंत में ही मुरझा जाता है। वृन्दा के 'जीवन का एक मात्र स्वप्न है—एक सुन्दर बालक की माँ बनने का...' एवं अध्यापक डॉ. अजित के साथ शादी करने के बाद ही शायद वृन्दा का वह स्वप्न साकार होगा। किन्तु मीरा वस्तुस्थिति को बराबर समझती है कि वह भविष्य में कभी भी सुन्दर

बालक की माँ नहीं बन सकती। क्योंकि कोढ़ के कारण समाज से अवहेलना एवं मनोयातना के मिले अनुभव के पश्चात् उसने मन के किसी एकान्त कोने में बरबस ही यह सोच लिया है कि : नहीं, अपने वर्तमान को किसी का भविष्य नहीं होने दूँगी।

मीरा की डायरी में 31 जनवरी, एवं 1 फरवरी के दो पृष्ठों पर केवल एक ही वाक्य का पुनरावर्तन वृन्दा के विरह में व्यग्रता-व्याकुलता से गुजर रही मीरा की अभावग्रस्त मनोदशा को तथा उसके चिदाकाश में छाई हुई रिक्तता को ध्वनित करता है। वृन्दा की अनुपस्थिति में खालीपन का अनुभव करती मीरा की संवेदना में समलिंगी सहचार के पलों की स्मृतियाँ दूध-शक्कर की भाँति एकरूप हो गई हैं। जरा भी न भुलाई जा सके ऐसी वह लेस्बियन सहचार की मस्ती की मादकता-मधुरता की अभिव्यक्त में लेखिका की कल्पनाशीलता का अन्दाज मिल जाता है—'मैंने चूमी है उसकी नाभि की गहराई...दूर-दूर तक खींच ले जाती, लिपट जाती जंगली लता की तरह...सरपट दौड़ते घोड़े पर सवार शिकारी की अन्धाधुन्ध गति में बवंडर उठता, डालियाँ गुँथ जातीं, जड़ में भड़क उठता लावा, महक कर मसले जाते फूल...भरी बरसात में भींगते, बौछार झेलते पड़े रहते चिपककर एक दूसरे को...क्लांत...चूम लेते एक दूसरे के स्तन...तालाब की तह में से बार-बार सतह पर आती मछलियों जैसे हम...'

मीरा ऐसे भ्रामक खयालों में मृगजल जैसे लुभावने लेस्बियन देहसुख के स्वप्न में निरत रहती है एवं वृन्दा के आगमन की घड़ियाँ गिना करती है, किन्तु बम्बई से लौटकर वृन्दा तो उससे मिलना यथासम्भव टालती ही रहती है और पास के रूम में रहने चली जाती है। अचानक ही उनके परस्पर के सम्बन्ध में दूरी आ जाने से तथा वृन्दा की उपेक्षावृत्ति से 'कुंठित सहवास' एवं अवमानना का परिताप मीरा को अस्वस्थ बना देता है, किन्तु उससे उबरने का कोई उपाय नहीं सूझता। इस सम्बन्ध विच्छेद के पश्चात् के भावी यौन सम्बन्ध की झलक मीरा के स्वप्न में मिलती है : '...मेरा सिर मोगरे की क्यारी में है, तभी मेरी दाहिनी चोटी पर साँप चढ़ता है, गहरा, हरा, चमकता, लम्बा, भय से मेरा जी तालू में चिपक गया था। तभी किसी ने दूर से कहा, 'काट डाल

चोटी।' और मैं कैंची लेकर चोटी काटने जाती हूँ कि मेरी आँख खुल जाती है।

कथा के अन्त में मीरा अपनी सुन्दर चोटी काट देती है, किन्तु सर्प डसने के बाद।

वृन्दा को डॉक्टर अजित के निकट जाती देखकर अन्ततः मीरा को होश आता है कि—'वृन्दा को मेरी जरूरत नहीं है...नहीं है...नहीं है...क्योंकि अब उसे अपना पता मिल गया है।'

जून में आयोजित अहिन्दीभाषी नवलेखकों के शिविर के दरम्यान काव्य विभाग के परामर्शक एवं मार्क्सवादी कवि उजास के निकट सम्पर्क में आने के बाद मीरा को भी लगता है कि उसे भी वृन्दा की तरह सही पता मिल जाएगा, शायद ! मीरा वैकेशन में मम्मी के पास कुछ वक्त रहकर शिविर में जुड़ने के लिए होस्टल में वापस आकर देखती हैं तो...'हमारा शीरीष कटा हुआ नीचे पड़ा था...।'

यह घटना सूचक है। वृन्दा अब जून में डॉ. अजित के साथ शादी करेगी, यह समाचार भी उसे वृन्दा द्वारा लिखे गए पत्र से नहीं परन्तु अन्य सखी द्वारा जानने को मिलता है। पतझड़ के वृक्ष की भाँति ठूँठ एवं सुनसान होस्टल का 'शुष्क बदरंग' वातावरण एवं शिविर से नवानगर वापस लौटते समय देखी गई—'अब निहायत फटे हुए जीर्ण वस्त्र जैसी' क्षीण-विशीर्ण उतावली नदी का स्मृति-संवेदन मीरा के चैतसिक परिवेश का भी द्योतक है।

कवि उजास के साहचर्य के लिए बावरी मीरा का हृदय पुरुष के बाहुवलय में समाकर उसके अंग-प्रत्यंग को भोगने की उत्कट एवं अदम्य काम-वासना सोमनाथ के सागरतट पर उसके द्वारा अनुभूत सागर-स्नान एवं स्वगतोक्ति में भी अव्यक्त नहीं रहती। अब उसे प्रतीति होती है कि 'उजास की आँखें मेरी देह और मन की आग के अक्षर पढ़ लेती हैं। जब कि वृन्दा के सम्बन्ध में...हमने शायद धुएँ को ही आग मान लिया था।'

अपनी प्रणय संवेदना का असंदिग्ध इकरार कर सकनेवाली मीरा अपनी अनूठी अदा से उजास को कहती है, 'यदि प्रेम हो तो मैं विवाह के बिना भी सेक्स को बुरा नहीं मानती'; सम्भोग सुख की कामेषणा

को वह वाचलता से काव्यरूप में प्रकट करती है। प्रणय मूलक रति क्रीड़ा की काव्यमय मधुरता का आस्वाद लेने को उत्सुक मीरा ने 'सिद्धार्थ' फिल्म के सिद्धार्थ-कमला के कोमल मधुमय प्रणय के सन्दर्भ में देखा था, कि—'जीवन की एक सुन्दर घटना। स्त्री-पुरुष अपने अन्तरतम की कोमल भावनाओं का शरीर द्वारा परस्पर आदान-प्रदान करें। यह एक संवाद है। सम्प्रेषण की खोज है।...यह सहज है, स्वाभाविक है और सुन्दर है।' परन्तु उजास के साथ के एकान्त मिलन के क्षणों में तो उस कामांध वहशी की सम्भोग चेष्टा वस्तुतः बलात्कार का पर्याय बन जाती है। 'मेरे अर्धनग्न शरीर पर एक स्थूल, नग्न देह झुकी हुई थी। मैं बचने के लिए हाथ-पैर मार रही थी और वह मेरे भीतर धधकता सीसा उड़ेलता रहा। पूरा कमरा उसके हुँकार से प्रतिध्वनित हो रहा था...नहीं, कुछ भी सुन्दर नहीं है...कहीं सद्भाव नहीं,...सौहार्द्र नहीं...आश्वस्ति नहीं...नहीं...नहीं...' इस दुर्घटना के बाद लगभग चार महीने तक मीरा की डायरी का प्रलम्ब मौन उसके कल्पनातीत मर्माघात का द्योतक है; ठेठ 30 अक्टूबर की डायरी में पढ़ने को मिलता है कि निर्भ्रान्त भग्नहृदय मीरा का चित्त अब लिखने-पढ़ने व संशोधन काम में नहीं लगता। उसे वस्तुस्थिति का ज्ञान होता है...'उसने मेरे जीवन के सौन्दर्य को कुचल डाला, चींथ डाला।...धुँआधार कामनाओं के प्रपात के नीचे मेरे अस्तित्व का अस्वीकृत प्रारूप भींगकर लोथड़ा बन गया है...'

उस दिन की भयानक दुर्घटना की स्मृति संवेदना भी ऐसी दाहक एवं मर्म विदारक है, कि आधी रात को जगी मीरा को 'पिछली गली में हाँफते-दौड़ते कामातुर सूअर की...गुर्राहट...जबड़े की आवाज़...उससे बचने की कोशिश करती चीखें...' बेचैन कर देती हैं, उसे लगता है कि, 'पसलियाँ दबाव के मारे मानो अभी टूट जाएँगी...' खट-खट करती मम्मी के झूले की आवाज इस बात की चुगली खा रही है कि माँ-बेटी दोनों की नींद हराम हो जाए, ऐसा कुछ घटित हुआ है। 'फेफरी पड़ा हुआ मुँह, भूखे पशुओं द्वारा चरा गया खेत'...मीरा के चेहरे का हाल ऐसा हो गया है कि ड्रेसिंग टेबल का शीशा भी मम्मी की तरह मानो उसे पहचानने से इंकार कर रहा है।

कारण हुआ यह कि शिविर के प्रसंग में एक दिन कवि उजास ने मीरा के आनितम्ब सुन्दर केश को देखकर उसे झुम्मर की तरह झूलते अमलतास के फूल की उपमा दी थी, वह चोटी अब नहीं है। जन्मदिवस के निमित्त, वृन्दा द्वारा भेजे गए अभिनन्दन कार्ड पर अमलतास के सूखे फूलों की छवि देखते ही मीरा ने अपनी चोटी काट डाली। मीरा की यह तीव्र प्रतिक्रिया उसकी अकथ्य मनोयातना सूचित करती है।

प्रतीक बनने की क्षमतावाले बिम्बों का विनियोग और कथा-गद्य की संरचना में दृष्टिगत होती लेखिका की सर्जकता और कलात्मक समानता अवलोकनीय है। सर्जक की असावधानी से बिम्ब/प्रतीक 'मीरा की काव्य-रचनाओं की तरह' वाचाल बन जाएँ, तो व्यंजना का सौन्दर्य खंडित हुए बिना नहीं रहेगा। इस (खतरे) से इस कला सजग लेखिका को सावधान रहना होगा।

—बाबू दावलपुरा

एन अपीलिंग वॉयस

('मीरा याज्ञिक की डायरी' (लघु उपन्यास) : बिन्दु भट्ट, 1992)

प्रिय
मीरा बहन,

कुशल होंगी ?

आपकी डायरी पढ़ी। पढ़ने के बाद लगा कि इस डायरी के बारे में कुछ लिखूँ। लेकिन भय था ऐसा करने पर कहीं परिभाषा में उलझ जाऊँगा। व्यक्तिगत बात जानने के बाद जिस तृप्ति का अनुभव हुआ उसके विषय में ऐसे ही अनौपचारिक लिखना चाहिए, ऐसा मानकर यह पत्र लिखने में प्रवृत्त हुआ हूँ।

अच्छा किया कि आपने डायरी ही लिखी, जिससे 'मैं' से सभी आरम्भ और 'मैं' से ही आए अन्त। 'मैं' के चारों ओर गोल चक्कर खाते अनन्त। 'मैं' की खोज का गजब आनन्द आपने पाया, आपके द्वारा हमारे तक पहुँचा। 'न हन्यते' अगर अमृता की डायरी के रूप में लिखी गई होती तो ?

वैसे तो यह डायरी एक साल की ही है। एक साल की डायरी में आपने अनुभव के इतने सितारे टाँके हैं कि इसमें 'आवश्यक' अतीत पूर्णरूप से दिखे, इस प्रकार मानो कोई लघु उपन्यास लिखती हों, ऐसा किया है ! आपने वृन्दा को एक बार ताना मारा था समय को कैलेन्डर से मापने के बारे में, सचमुच आपकी डायरी कैलेन्डर के आरपार बह जाती है।

इस डायरी में सिर्फ आप ही हैं। अन्यथा कोई कह सकता है कि

आपकी मम्मी हैं, वृन्दा, सलिल, रुचि, उज्ज्वला, शुभांगी, उषा, तरुण, वॉर्डन, सविता, काली, उजास, डॉ. अजित, हिना, आभा, बिरवा, नैना, ग्रन्थपाल, डॉ. कुसुमबाला, डॉ. रामाश्रय तिवारी आदि हैं तो सही ? पूछनेवाले को कहना पड़े कि ये सभी पात्र मीरा की आत्मखोज के निमित्तमात्र हैं।

आपकी डायरी का एक साल छात्रावास का है। आप अहमदाबाद में पीएच.डी. करती हैं। मम्मी नवानगर रहती हैं। डायरी में स्थल के रूप में अहमदाबाद, नवानगर और मम्मी को प्रिय अम्बाजी आते हैं। मैं भी कहाँ स्थान गिनने बैठ गया ? स्थानों के ढेर क्या करने हैं, डायरी में। अभ्यंतर-प्रवास में से बाहर निकलें तब तो बाहर जाएँ न ? शिविर में सहभागी बनकर आप सोमनाथ गईं थीं, उसमें भी भीतरी सोमनाथ की गर्जना सुनाई देती है।

अनुभवों को आप तीव्रता से, गहराई से पकड़ती हैं। सविता तथा काली के सम्बन्ध से, आप अपने को तथा मम्मी को सुलझाती हैं। वॉर्डन के व्यवहार से आप रुचि को खोलती हैं। वर्षों पूर्व के अनुभव को जिस विशद वर्णन से आपने निरूपित किया है, उसे पढ़ने से ही लगता है कि आपने अनुभव को गहराई से प्राप्त किया हैं; केवल स्पर्श नहीं। अभी 5 जनवरी को आपने शैशव में शरमिंदगी अनुभव करनेवाली वृन्दा बहन को कैसे उभारा है। चार वर्ष पूर्व देखी हुई बनारस की गंगा अभी भी पूरी तरह याद है। डायरी के अन्त में 25 दिसम्बर, जन्मदिन होने के बावजूद महीनों पहले देखा हुआ रवीन्द्रनाथ का चित्र 'हेड ऑफ अ वुमन' याद आ जाता है।

साहित्य, फिल्म, चित्र जैसी कलाओं के प्रति आपका लगाव और संशोधन में आपका दैनन्दिन जीवन व्यतीत हो रहा था। एकाएक कमाणी साहब के चले जाने के अभाव में आपकी किशोरावस्था की शिक्षिका, जो अब सखी बन चुकी हैं, आपके छात्रावास में आती हैं। उसके किये गए लेस्बियन आक्रमण से पहले तो आप हतप्रभ हो जाती हैं, और फिर डॉ. अजित के साथ उसके जुड़ जाने पर आप दिग्मूढ़ बन जाती हैं। शिविर में आए डॉ. उजास आपके साथ 'मस्तीमार कर' चले गए। वृन्दा, उजास द्वारा हुए ऐसे अनुभव के बोझ को हल्का करने के

लिए आप सिर के बाल काटने तक पहुँच गईं। आपके दैनन्दिन जीवन में आए दो आघातजनक प्रसंग आपको इतना हिला गए कि यह डायरी एक वर्ष की है, फिर भी यह आपके अन्दर अनेक वर्ष जीएँगी। कोढ़ जैसी शारीरिक विकृति की लघुताग्रन्थि को तो आपने साहित्य, कला आदि का सम्पर्क करके कब का ठुकरा दिया है। फूट निकलनेवाली रोम-रोम की संवेदना से डायरी छलकती है। आंतरजीवन का यह गाढ़ स्पर्श जीवन्त है। कुछ पल के लिए तो ऐसा लगता है कि यह डायरी नहीं है, सुवाच्य लघु उपन्यास है।

वृन्दा के बाद उजास के पास से भी ठुकराया जाना आपके भोलेपन को ही उद्घाटित करता है। पीएच.डी. होने के बावजूद आप इस बारे में बहुत 'इमेच्योर' लगती हैं। लेकिन हैं नख-शिख सच्ची। कई लोग तो डायरी के नाम पर बड़ी-बड़ी दार्शनिक बातें करते हैं।

यहाँ तो आपने सभी कुछ खुलेआम लिखा है। एक तरफ दार्शनिक वाग्मिता नहीं है, तो दूसरी तरफ कन्फेशन की जरा भी विवश आचारविधि नहीं है।

मीरा बहन आपको एक बात कहूँ ? आप पूरी तरह परिपक्व नहीं हैं। अनुभवों को तीव्रता से झेलती अवश्य हैं, लेकिन उन अनुभवों को वस्तुलक्षी बनकर उनका मूल्यांकन नहीं कर पातीं, जैसे कि वृन्दा के लेस्बियन आक्रमण की आप कामना करती थीं, वो भी ऐसी 'नीड' से आपके नजदीक आई थी, जबकि उजास को भी उसी 'नीड' से निकट आया हुआ नहीं मान सकते ? उदाहरण के तौर पर आपको कोई धोखा दे गया हो, ऐसा महसूस करती हैं। जबकि वृन्दा के सन्दर्भ में सिर्फ चिढ़ है। वृन्दा और अपने सम्बन्धों को आप खुलेपन से देख सकी हैं, लेकिन उजास के सन्दर्भ में बहुत 'ट्रेडिशनल' रही हैं।

शुभांगी के पिता की बड़ी उम्र में हुई शादी के बारे में आपका प्रतिभाव भी 'ट्रेडिशनल' है। आपसे आपकी माँ अधिक समझदार हैं, जो आपको सब कुछ समझाती हैं। साहित्य, कला के सम्पर्क में आने के बावजूद भी आप जो स्वस्थता नहीं प्राप्त कर सकी हैं, मन्दिर जानेवाली माँ उसे पा सकी हैं। आप अब इस माँ को केन्द्र में रखकर कुछ लिखें !

दूसरे के दृष्टिकोण से आपकी डायरी पढ़ने पर थोड़ी कठिनाई

लगती है। जैसे कि वृन्दा कमाणीसाहब के साथ मानवीयता के तौर पर ही नहीं जुड़ी थी, कमाणी साहब की पत्नी का विचार करके वही वृन्दा डॉ. अजित के साथ जुड़ने पर आपसे एकाएक दूर कैसे हो गई ? आप तो उसके इतनी निकट थीं कि आपका सम्बन्ध शब्द के पार निकल गया था। ऐसा सम्बन्ध एकाएक ऐसे ही बिखर जाए, मानने में नहीं आ रहा। आपकी जिन्दगी में वृन्दा-प्रवेश जितनी सहजता से अनुभव किया जाता है, उतनी ही सहजता से वृन्दा की विदाई का अनुभव नहीं होता। बचपन से ही आपके अन्दर आत्मविश्वास सिंचन करनेवाली वृन्दा इतनी हीन हो गई कि आपका सम्बन्ध टूट जाने के बाद अकेलेपन की स्थिति में वह आपको 'औपचारिक ढंग से' कार्ड भेजकर मज़ाक करे ! कटाक्ष करे ! वृन्दा-विचलन की यह सीमा असह्य बनी है। फिर भी आपका और वृन्दा का समलिंगी सम्बन्ध अन्धी दीवाल की तरह लम्बा नहीं चलेगा, उसकी प्रतीति तो आपको खुद ही हो गई ? फिल्म 'बंदिनी' देखते समय वृन्दा के साथ में होने के बावजूद आपको किसी का अभाव कैसा खटकता था ?

2

आपकी डायरी में लिखी गई घटनाओं के बीच का संकलन अजब है। वृन्दाहीन आपके दिन पतझर सुनसान होस्टल, कटे हुए शिरीष के कारण अधिक वजनदार बने हैं। वहाँ उजास के साथ आपका सम्बन्ध बँधा, वहीं होस्टल में जून होने से रंगबिरंगी कलरव बिछ जाती है और वह अच्छी लगती है। आपका जन्मदिवस 25 दिसम्बर ! ईशू की वेदना का शूल ऐसे ही गड़ गया है। ईशू को तो जड़ दिया गया। जब कि संवेदनशीलता ने तो आपका वधस्तम्भ स्कन्धेस्कंध लेकर गली-गली में घूमना, 'जिन्दा हूँ' का नाटक करना ! पीएच.डी. में मनपसन्द विषय न मिला उसके बावजूद 'कर्मकांड अनुसार' थीसिस लिखती रहीं, लेकिन जिन्दगी में मनपसन्द व्यक्ति न मिलने पर, मिलने के बाद छिन जाने पर आपकी तड़पन सहज लगती है। नींद की गोली लेकर अन्त में आप सो रही हैं, सोते-सोते भी अर्ध जागृत अवस्था में दिखाई देनेवाले दृश्यों

को भी आपने नोट किया है। डायरी का यह अन्तिम पेज भी उतना ही वजनदार है। स्वप्न भी आपको याद है।

अनुभवों को भी आपने जो भाषा दी है, उतने मात्र से भी इस निजी डायरी का प्रचार करना जरूरी था। वृन्दा की प्रतीक्षा करते हुए आपने नोट किया है : 'प्रतीक्षा करते समय आपको लगता है कि आप कितना कुछ कर रही हैं, और कुछ भी नहीं कर रहीं। एक तरफ आप अपने आपको एकदम अपाहिज पा रही हैं और दूसरी तरफ थिरकना। अन्त में सब कुछ शून्य। किसी तरह दिन पूरा किया। सुबह सनसिल्क की खाली बोतल में सूरजमुखी के फूल सजाए। थोड़े ही समय में फूलों ने कमरे को छलका दिया...मोती पिरोने जा रही थी और बार-बार फिसल जाते थे। धुँधले उजाले में दीवाल मेरी तरफ खिसक रही थी। मुरझाए फूल मुझे चिढ़ा रहे थे।' वृन्दा-स्मृति देखें : मैंने पी है उसकी नाभि की गहराई...दूर-दूर तक खींच गहराई ले जानेवाली, रोम-रोम से जकड़ लेनेवाली, लिपट जाने वाली जंगली लता की तरह...सरपट दौड़ते शिकारी घोड़े की अन्धाधुन्ध गति में; हम एक आँधी उठती, डालियाँ गुँथ जाती, जड़ में लावा भड़कता, महक कर मसले जानेवाले फूल...वर्षा के मौसम में भींगनेवाले, बौझार-झेलते पड़े रहते...क्लांत...चूम लेते एक-दूसरे के स्तन...तालाब की तट से सतह पर बार-बार आती मछलियाँ जैसे हम। ढाल पर दौड़ती गाएँ मानो मेरी अंजुरी में से बिखरे हुए ज्वार के दाने'।

वृन्दा को मिलने से अनुभव किए गए अभिसारिका आवेश या उजास का चौंकानेवाला आक्रमण डायरी के अन्य वाचक के लिए यहाँ नहीं लिख रहा हूँ।

'बळ बळती गाळो', 'थागडथीग' ऊँघ, मस्तीमारी जैसे शब्द, प्रयोग या जाम, डट्ठर, पढी या उल्लू जैसे देशज शब्द डायरीक्षम हैं, जो सहजता को बल देते हैं।

कान फाड़ देनेवाले प्रयोग का ढोल यहाँ नहीं बजता है। ललित निबन्ध, कविता, लघु उपन्यास, सभी का आभास डायरी में खड़ा किए है। ('हुँ') 'मैं' पीड़ादायक नहीं लगता। यह पढ़ते ही मुझे धीरेन्द्रभाई की 'कावेरी' याद आ गई, (अलबत्ता) वह लघु उपन्यास था जबकि यह

डायरी है।

किसी की डायरी को इस प्रकार एकाएक प्रकाशित कर देना विचित्र लगता है। लेकिन समसंवेदन के हक से बिन्दु भट्ट ने फेमिनिस्टों की परवाह किए बिना डायरी को प्रकाशित कर ही दिया। बिन्दु भट्ट बहन को, पार्श्व प्रकाशन को तथा अकादमी को आपका Lyrical Cry हम तक पहुँचाने के लिए धन्यवाद।

—भरत महेता

●●●